# Case Book 2021–2024

# 2021—2024 帆船案例书

世界帆船运动联合会　编
中国帆船帆板运动协会　审订

编译：曲　春
翻译：辛　婧

《2013—2016 案例　帆船竞赛规则解释》曲春　徐莉佳　黄钰婷
《2017—2020 案例书　竞赛规则解释》曲春　康鹏　宋佳凡
侯佳音　辛婧

中国海洋大学出版社
· 青岛 ·

图书在版编目（CIP）数据

2021—2024帆船案例书 / 世界帆船运动联合会编；曲春编译. —青岛：中国海洋大学出版社，2021.8
ISBN 978-7-5670-2927-9

Ⅰ. ①2… Ⅱ. ①世… ②曲… Ⅲ. ①帆船运动—竞赛规则—解释—世界—2021—2024 Ⅳ. ①G861.44

中国版本图书馆CIP数据核字（2021）第179909号

出版发行 中国海洋大学出版社
社　　址 青岛市香港东路23号　　邮政编码 266071
网　　址 http://pub.ouc.edu.cn
出 版 人 杨立敏
责任编辑 矫恒鹏　　电　　话 0532-85902349
电子信箱 2586345806@qq.com
印　　制 青岛海蓝印刷有限责任公司
版　　次 2021年9月第1版
印　　次 2021年9月第1次印刷
成品尺寸 140 mm × 210 mm
印　　张 12.375
字　　数 258千
印　　数 1 ~ 2500
定　　价 100.00元
订购电话 0532-82032573（传真）

作为此项运动的领导机构，世界帆联在全球所有帆船比赛和相关活动中推行并支持环境保护。

## 世界帆联执委会办公室联络信息：

世界帆联
伊斯特本街区20号
帕丁顿
伦敦W26LG
英国

电话：+44（0）20 3940 4888
综合邮箱：office@sailing.org
竞赛规则邮箱：rules@sailing.org

网址：sailing.org

英国伦敦世界帆联（英国）有限公司出版

2021年1月

# 前　言

《2021—2024帆船案例书》对之前出版的所有案例都进行了复核，也包括了自2017年以来在世界帆联理事会上通过的案例。许多案例的措辞，有些改动小，有些改动大，以便清晰地呈现《2021—2024帆船竞赛规则》的应用。案例编号从“1”开始，但在数字排序中有空档，因为有些案例被删除了。书中的大多数案例是根据规则70.1向国家和地区管理机构上诉的真实案例，或者是根据规则70.2的要求确认与更正的案例。其他一些问答式案例是人为编制或假定的事实，其中许多是向世界帆联问答工作小组所提交的问题的结论。

每年11月的世界帆联年会期间会增加一些新案例，有时也会修改或者删除一些案例。在2022、2023和2024年，多在1月份，新案例及现有案例的修订将公布在世界帆联网站上（sailing.org）并寄达国际级仲裁、现场裁判和竞赛官，以及国家和地区管理机构和世界帆联级别协会。

《2021—2024帆船案例书》由案例工作组负责筹划，成员为：主席迪克·罗斯（Dick Rose），扬·艾辰（Ion Echave），特雷沃·莱维斯（Trevor Lewis），大卫·派雷（Dave Perry）和迈克·萧特（Michael Short）。

欢迎广大读者提出见解与建议至世界帆联案例工作组，电子邮箱为rules@sailing.org。

**约翰·道尔（John Doerr）**

**世界帆联竞赛规则委员会主席**

**2021年1月**

# 目录

# 世界帆联规章和规则解释

*《2021—2024帆船案例书》中的案例发布及竞赛规则的其他解释的发布，受以下世界帆联规章的约束。*

**28.3** 世界帆联竞赛规则的解释须只能通过发布《2021—2024帆船案例书》中的案例或《判例书》中的判例来进行，规章28.4适用的情况除外。案例是对竞赛规则的权威解释，判例是对相应项目形式所用规则的权威解释。

**28.3.1** 竞赛规则委员会须对案例和判例的提案作出决定。这样的决定可按照规章28.2.1（b）的要求提交至理事会。

**28.3.2** 用英语措辞并包括任何所需图示的案例提案或提议，须于规章15.6所规定时限前送达世界帆联秘书处。如果提案或提议与公布的案例有重复……在提案或提议中须说明为什么要优先考虑该推荐案例……

**28.3.3** 以下是在《2021—2024帆船案例书》中公布案例的指导意见：

（a）一个案例须能明确澄清某规则的重要含义或增进对某一复杂规则的理解。

（b）一个案例不得与已经发布的案例重复。如果一个案例比某一现存案例有所改善，须将其纳入并删除现存案例。

**28.3.5** 竞赛规则委员会在发布新版本的《帆船竞赛规则》后，须迅即复核并修订所有相关文件（包括《2021—2024帆船案例书》……）。

**28.4** 除了公布世界帆联案例书与判例书外，未首先经竞赛规则委员会主席或该委员会内经主席指定的委员批准，世界帆联不得发布竞赛规则的权威解释与解读。

# 国家和地区管理机构的缩写

ARG：阿根廷帆联

CAN：加拿大帆协

DEN：丹麦帆协

GBR：英国皇家游艇协会

ITA：意大利帆联

NED：荷兰水上运动联合会

NOR：挪威帆联

RUS：俄罗斯帆联

USA：美国帆协

# 示意图中的船只标识

A，B，C，等：任何船，或……

A：明显在前的船

B：明显在后的船

I：内侧船

L：下风船

M：中间船或夹在中间的船

O：外侧船

P：左舷船

S：右舷船

W：上风船

这些代码也可结合使用。

# 第一部分
# 按规则条款排列的案例摘要

第一部分能使读者找到针对某一特定规则进行解释的案例。比如，案例15和17解释了规则13。这些案例摘要排在标题规则13，迎风换舷时这一部分。案例摘要并没有列出该案例所解释到的所有规则；所以读者必须亲自学习本书第二部分中的具体案例，以了解规则是怎样解释和说明的。

## 定 义

### 定义，明显在后与明显在前；相联

**案例** 12

当根据规则18.2（b）确定内侧船的绕标空间权利时，只要其中第一条船到达标区时相联是存在的，船之间的航线差别很大也是没有关系的。

**案例** 23

在顺风航段上，当一条右舷船从她前面的两条左舷船之间通过时，规则19对她不适用。规则10要求这两条左舷船避让。

**案例** 33

一条驶近障碍物的船呼喊迎风换舷的空间，但却是在规则20所描述的需要安全避开障碍物的时机来临以前进行的呼喊，她这样做违反了规则20.1（a）。然而，即使该呼喊违反了规则20.1（a），被呼喊的船也必须做出回应。内侧相联船有权根据规则19.2（b）要求外侧船与障碍物间的空间，即使她已经迎风换舷进入了内侧相联位置。

**案例41**

当两条同舷风相联的船超越前面同舷风的船并从其下风通过时，关于规则19.2（b）和定义障碍物、明显在前与明显在后；相联是如何运用的讨论。在障碍物旁没有呼喊空间的义务，但却是个明智的做法。

**案例43**

一条靠近并平行于障碍物、以左舷近迎风行驶的船必须避让另一条已经换至右舷并正以相撞的航线驶来的船。

**案例91**

当另外一条船的器材超出正常位置的量足以被看到并可以被避开时，需要避让的船也必须避让其不在正常位置的器材。

## 定义，到达终点

**案例45**

当一条船因竞赛委员会的错误未能正确到达终点，但没有一条参与竞赛的船因此获利或失利时，适当且公平的补偿就是按所有船越过终点线的顺序记分。

**案例58**

如果航行细则中规定在终点线后面一侧的浮标或其他物体是终点线的限制标，那么船可以从其任何一侧离开。

**案例82**

当终点线布设得几乎与最后一个航段在一条线上，无法根据定义的要求确定哪一边是通过终点线而到达终点的正确路线时，船可以从任一方向越过该线并依此记录她的到达终点顺序。

**案例112**

一条在行驶航线过程中犯错但没有改正错误的船，在她到达终点前都不算违反规则28.1。如果一条船犯了这样的错误，第二条船可以在第一条船到达终点前或者到达终点后的第一合理时机告知第一条船她的抗议意图。

**案例128**

如果竞赛委员会观察到一条船在行驶航线时违反了规则28.1，并且没有改正此错误，则需要将其计分为NSC。如果竞赛委员会观察到一条船在到达终点时碰标了，则必须按照她到达终点的名次计分，可以抗议她违反了规则31。

**案例129**

当在一个绕行的标志旁缩短航线时，该标志就变为终点标。规则32.2（a）允许竞赛委员会在终点线的任一侧定位展示S旗的这条船。一条船必须根据到达终点的定义通过终点线，即使在这样做时会导致她离开标志的一侧与不缩短航线时所要求的一侧相反。

**案例145**

定义行驶航线所描述的一条船的轨迹被拉紧时，仅落在通航水域内。

## 定义，避让

**案例30**

明显在后须避让的船却与明显在前的船相撞了就违反了碰撞发生前适用的航行权规则。但是，由于无意地换舷而失去航行权的船仍需要避让。

**案例50**

当抗议委员会认定在一次左右舷事件中，S没有改变航线并且从S方面来看不会有真实且合理的碰撞担忧，就应驳回她的抗议。当抗议委员会认定S的确改变了航线，并且有理由怀疑如果S不改变航线，P就不能从其船头通过，那么，P应被取消资格。

**案例77**

船的器材碰到标志就构成碰标。负有避让义务的船如果被一条航行权船上意外移动到非正常位置的器材所碰触，她并不犯规。

**案例87**

在明确另一条船不会避让之前，航行权船不必采取行动避免接触。

**案例88**

一条船可能避免了接触却未能避让。

**案例91**

当另外一条船的器材超出正常位置的量足以被看到并可以被避开时，需要避让的船也必须避让其不在正常位置的器材。

**案例135**

有关如果一条船因未能避让而违反了规则第二章，航行权船或是第三条船根据规则62.1（b）要求补偿时，抗议委员会所必须做出的裁决的讨论。

## 定义，标志

**案例58**

如果航行细则中规定在终点线后面一侧的浮标或其他物体是终点线的限制标，那么船可以从其任何一侧离开。

## 定义，绕标空间

**案例15**

迎风换舷去绕标时，明显在前的船必须遵守规则13；明显在后的船有权保持航线来阻止另一条船迎风换舷。

**案例21**

当一条航行权船有义务给予内侧相联船绕标空间时，她必须给予的空间没有最大值与最小值。她所必须给予的空间大小相当一部分取决于现有条件，包括风况与海况、内侧船的速度、她张起的帆及她的设计特性。

**案例25**

在内侧相联上风船已被给予绕标空间后，规则18不再适用，但规则11继续适用。内侧上风船必须避让外侧下风船，下风船可以迎风偏转，前提是她给予了上风船避让的空间。

**案例63**

在标旁，当没有权利要求空间的船具有了空间，她可以自己承担风险来利用该空间。

**案例 95**

在驶向上风的迎风航段上，如果同舷相联的两船受规则 18.2（b）的约束，她们中的任何一条船越过正顶风时，规则 18 就停止适用。当一条船需要给予另一条船绕标空间时，她所必须给予的空间包括另一条船遵守规则 31 的空间。当有权要求绕标空间的船在其有权获得的绕标空间内因另一条船所迫而碰标时，其违反规则 31 的行为被免责。

**案例 114**

当一条船有权要求空间时，这个空间包括她履行规则第二章和规则 31 义务的空间。

**案例 118**

在绕标空间的定义中，“行驶到标志的空间”这个短语表示以正常的航行操作迅即驶到那个接近标志并在标志规定的一侧的位置所需要的空间。

## 定义，障碍物

**案例 11**

当船在障碍物旁相联，包括在被视为障碍物的一条权力船旁相联时，外侧船必须给予内侧船从她与障碍物间通过的空间。

**案例 23**

在顺风航段上，当一条右舷船从她前面的两条左舷船之间通过时，规则 19 对她不适用。规则 10 要求这两条左舷船避让。

**案例 29**

一条下风船是与之相联的一条上风船和第三条明显在后的船的障碍物。只要从相联开始时，上风船能够给予空间的话，明显在后的船就可以从这两条相联船之间通过并有权从上风船处要求她与下风船之间通过的空间。

**案例 41**

当两条同舷风相联的船超越前面同舷风的船并从其下风通过时，关于规则 19.2（b）和定义障碍物、明显在前与明显在后；相联是如何运用的讨论。在障碍物旁没有呼喊空间的义务，但却是个明智的做法。

**案例 117**

三条船同舷受风，其中明显在后的两条相联船在超越第三条船，如果后面的下风船与前面的船变为相联，则前面的船就不再是障碍物，规则 19.2（b）不适用。在任何情况下，一排彼此靠近航行着的船不是连续障碍物。

**案例 125**

当一条外侧相联的船需要给予一条或多条内侧船通过障碍物的空间时，所给予的空间必须足够大，大到使所有内侧船都能履行规则第二章的义务。

## 定义，正当航线

**案例 9**

当右舷船选择通过上风标时，左舷船必须避让。没有规则要求船要按其正当航线行驶。

**案例 13**

起航信号前，下风船的航线高于上风船的航线并不违反规则。

**案例14**

由于对下风船的正当航线有不同的看法，当两条同舷风船相会时，上风船必须避让。两条处于同一航段又相隔较近的船可能会有不同的正当航线。

**案例46**

即使下风船在距离上风船两倍船长内从明显在后建立下风相联，下风船也有权迎风偏转到她的正当航线上去。

**案例75**

当规则18适用时，A节与B节的规则也适用。当内侧相联的航行权船必须在标旁顺风换舷时，她有权行驶自己的正当航线直到其顺风换舷。如果右舷船给予了左舷船足够的避让空间，左舷船没有迅即利用这个空间，右舷船的改变航线不违反规则16.1。

**案例134**

一条船任何时刻的正当航线取决于当时的条件。其中一些条件是风力和风向、阵风和风歇的类型、海浪、水流以及船体和装备的物理特性，包括正在使用的帆。

## 定义，竞赛

**案例5**

在竞赛中抛锚的船仍然是正在竞赛的船。一条船在拉锚绳收锚时回到了她原来抛锚的位置，并不违反规则42.1和45。然而，如果在收锚绳时明显将船推到另一个不同的位置，她就违反了那些规则。

**案例 68**

竞赛委员会未能发现一份评级证书是无效的并不能成为该船要求补偿的理由。一条可能已经违反规则并且继续竞赛的船仍有竞赛规则赋予她的权利，包括规则第二章赋予她的权利，以及抗议和上诉的权利，即使她之后被取消资格。

**案例 127**

当一条船的船体、船员或装备的任何部分都不在终点线上，并且标志没有影响到她的航线选择时，该船就完全离开了终点线和标志。

## 定义，空间

**案例 21**

当一条航行权船有义务给予内侧相联船绕标空间时，她必须给予的空间没有最大值与最小值。她所必须给予的空间大小相当一部分取决于现有条件，包括风况与海况、内侧船的速度、她张起的帆及她的设计特性。

**案例 24**

当一条船从明显在后变为从下风相联时，另一条船必须迅即采取行动避让。当她不能以正常的航行操作做到这一点时，她就没有给予规则 15 所要求的空间。

**案例 93**

当一条船在另一条船的下风变为相联后就立即迎风偏转，而另一条船以正常的航行操作无法避让时，迎风偏转的船就违反了规则 15 和 16.1。另一条船违反了规则 11，但被免责。

**案例95**

在驶向上风的迎风航段上，如果同舷相联的两船受规则18.2（b）的约束，她们中任何一条船越过正顶风时，规则18就停止适用。当一条船需要给予另一条船绕标空间时，她所必须给予的空间包括另一条船遵守规则31的空间。当有权要求绕标空间的船在其有权获得的绕标空间内因另一条船所迫而碰标时，其违反规则31的行为被免责。

**案例103**

定义空间里的短语“正常的航行操作”指的是可以合理期待的操船动作，即称职的而非专家级的操船动作，且船员数量适当。

**案例114**

当一条船有权要求空间时，这个空间包括她履行规则第二章和规则31义务的空间。

**案例118**

在绕标空间的定义中，“行驶到标志的空间”这个短语表示以正常的航行操作迅即驶到那个接近标志并在标志规定的一侧的位置所需要的空间。

**案例125**

当一条外侧相联的船需要给予一条或多条内侧船通过障碍物的空间时，所给予的空间必须足够大，大到使所有内侧船都能履行规则第二章的义务。

**案例146**

当两船驶近起航标去起航，下风船迎风偏转，如果上风船行驶在她根据规则16.1有权要求的空间内时违反了规则11，可根据规则43.1（b）对其免责。

## 定义，规则

**案例85**

如果不是规则86.1（c）中列出的竞赛规则，则级别规则不允许更改它。如果某级别规则试图更改这样一条规则，那么该级别规则无效，不适用。

**案例98**

定义规则中列出的规则对于执行《帆船竞赛规则》的所有竞赛都适用，不管竞赛通知是否清楚阐明要执行这些规则。竞赛通知或航行细则中的某条规则可以更改国家和地区管理机构的部分或全部规定，前提是要与规则88.2中的规定相一致。通常情况下，竞赛通知不可以更改级别规则。当一条船按照让分制或评级制方法进行竞赛时，该方法中的规则适用，其部分或全部级别规则也可以适用。当竞赛通知与航行细则冲突时，两者都不具有优先权。

## 定义，行驶航线

**案例90**

当一条船的连线从标志的规定一侧通过时，如果这条线拉紧时也从该标志的非规定一侧通过的话，她并没有违反规则28.1。

**案例106**

当代表一条船航迹的连线位于终点标或门标的规定一侧时，拉紧它后，如果连线也从那些标志的非规定一侧通过，也是没有关系的。

**案例108**

一条船碰标后解脱时无需做一个完整的360° 转圈，她可以在绕标的同时完成解脱。如果她的绕标转圈包括一个迎风换舷和一个顺风换舷，并且是在避开其他船且不再碰标后迅即做的，没有出现因此获利的问题，那么这就可以算作她的解脱。

**案例112**

一条在行驶航线过程中犯错但没有改正错误的船，在她到达终点前都不算违反规则28.1。如果一条船犯了这样的错误，第二条船可以在第一条船到达终点前或者到达终点后的第一合理时机告知第一条船她的抗议意图。

**案例128**

如果竞赛委员会观察到一条船在行驶航线时违反了规则28.1，并且没有改正此错误，则需要将其计分为NSC。如果竞赛委员会观察到一条船在到达终点时碰标了，则必须按照她到达终点的名次计分，可以抗议她违反了规则31。

**案例145**

定义行驶航线所描述的一条船的轨迹被拉紧时，仅落在通航水域内。

## 定义，起航

**案例140**

一条船被违反规则第二章的船逼迫越过起航线时，规则是如何适用的。

# 基本原则

## 体育道德与规则

**案例31**

当个别召回的正确视觉信号发出，但未发出所要求的音响信号时，并且当被召回的船处于能听到音响信号的位置未看到视觉信号时，也就没有返回时，她有权获得补偿。然而，如果她意识到自己处在起航线的航线一侧，则必须返回并正确起航。

**案例39**

竞赛委员会不必抗议某条船。执行规则的首要责任在选手。

**案例65**

当一条船意识到自己已经违反了黑旗规则时，她有义务迅即退出竞赛。如果她没有这样做，之后在本轮竞赛中有意妨碍另一条船，她就构成严重违反体育道德和规则2，她的舵手构成品行不端。

# 第一章　基本规则

## 规则1.1，安全：援助处于危险中的船或人员

**案例20**

当一条船可能有危险时，另一条向其提供援助的船有权利要求补偿。即使她没有被请求这样做或者是后来发现危险并不存在。

## 规则2，公平航行

**案例27**

一条船无需预计另一条船将要犯规。当一条船因自己的动作而获得航行权时，另一条船有权利要求避让的空间。

**案例31**

当个别召回的正确视觉信号发出，但未发出所要求的音响信号时，并且当被召回的船处于能听到音响信号的位置未看到视觉信号时，也就没有返回时，她有权获得补偿。然而，如果她意识到自己处在了起航线的航线一侧，则必须返回并正确起航。

**案例34**

妨碍另一条船可能会违反规则2，并且成为给予补偿和根据规则69.2采取行动的依据。

**案例47**

知道自己是左舷船却故意呼喊“右舷”，这是不公平的行为，已经违反了规则2。

**案例65**

当一条船意识到自己已经违反了黑旗规则时，她有义务迅即退出竞赛。如果她没有这样做，之后在本轮竞赛中有意妨碍另一条船，她就构成严重违反体育道德和规则2，她的舵手构成品行不端。

**案例73**

当L的船员故意地探出来碰触W且该行为的唯一目的是使W违反规则11时，L就违反了规则2。

**案例74**

没有规定下风船的舵手或船员必须怎样坐着的规则。除非舵手或船员有意地坐在不当的位置上，否则与上风船接触不违反规则2。

**案例78**

无论是统一设计级或是采用某种让分制或评级制的群发赛，一条船可以采用战术来明显干扰或阻碍另一条船的比赛进程，前提是她若被以规则2抗议，抗议委员会能确定她所使用的战术确实有机会使自己在赛事中的最后排名受益，或使自己有机会获得另一项赛事或其国家队的选拔出线权。但是，如果她在使用这些战术时有意违反规则，她就违反了规则2，可能还有规则69.1（a）。

**案例138**

通常，选手直接影响赛事公平的行为，或选手意识到违反了规则但未接受相应的惩罚，就应该考虑规则2。抗议委员会认为某行为，包括严重违反规则2或其他规则，构成了品行不端，就应该考虑规则69。

## 规则4，接受规则

**案例98**

定义规则中列出的规则对于执行《帆船竞赛规则》的所有竞赛都适用，不管竞赛通知是否清楚阐明要执行这些规则。竞赛通知或航行细则中的某条规则可以更改国家和地区管理机构的部分或全部规定，前提是要与规则88.2中的规定相一致。通常情况下，竞赛通知不可以更改级别规则。当一条船按照让分制或评级制方法进行竞赛时，该方法中的规则适用，其部分或全部级别规则也可以适用。当竞赛通知与航行细则冲突时，两者都不具有优先权。

## 规则5，约束组织机构和竞赛官员的规则

**案例44**

不允许一条船抗议竞赛委员会违反某条规则。但是，如果她试图这样做，她的“抗议”可能会符合请求补偿的要求，在这种情况下，抗议委员会须相应地进行处理。

**案例98**

定义规则中列出的规则对于执行《帆船竞赛规则》的所有竞赛都适用，不管竞赛通知是否清楚阐明要执行这些规则。竞赛通知或航行细则中的某条规则可以更改国家和地区管理机构的部分或全部规定，前提是要与规则88.2中的规定相一致。通常情况下，竞赛通知不可以更改级别规则。当一条船按照让分制或评级制方法进行竞赛时，该方法中的规则适用，其部分或全部级别规则也可以适用。当竞赛通知与航行细则冲突时，两者都不具有优先权。

## 规则6.1，世界帆联规章

### 案例143

若赛事的组织机构不是规则89.1中所规定的组织，那么审理的一方无权进入上诉程序。

# 第二章　船只相遇时

## 第二章，前言

**案例19**

关于“损坏”一词的解释。

**案例67**

当正在竞赛的船与不参加竞赛的船舶相遇时，两者都受政府航行权规则约束。根据这些规则，需避让的竞赛船却有意碰触另一条船时，她的舵手就构成了品行不端。

**案例68**

竞赛委员会未能发现一份评级证书是无效的并不能成为该船要求补偿的理由。一条可能已经违反规则并且继续竞赛的船仍有竞赛规则赋予她的权利，包括规则第二章赋予她的权利，以及抗议和上诉的权利，即使她之后被取消资格。

**案例109**

只有当航行细则有此说明时，《国际海上避碰规则（IRPCAS）》或政府航行权规则才在竞赛船之间适用，这种情况下它将替代规则第二章的全部规则。可以将某条IRPCAS规则或政府规定，而不是航行权规则包括到竞赛通知、航行细则或赛事执行的其他文件中，以使之适用。

**案例141**

短语“严重损坏”中“严重”一词的解释。

# A节　航行权

## 规则10，相对舷风

**案例** 9

当右舷船选择通过上风标时，左舷船必须避让。没有规则要求船要按其正当航线行驶。

**案例** 23

在顺风航段上，当一条右舷船从她前面的两条左舷船之间通过时，规则19对她不适用。规则10要求这两条左舷船避让。

**案例** 43

一条靠近并平行于障碍物、以左舷近迎风行驶的船必须避让另一条已经换至右舷并正以相撞的航线驶来的船。

**案例** 50

当抗议委员会认定在一次左右舷事件中，S没有改变航线并且从S方面来看不会有真实且合理的碰撞担忧，就应驳回她的抗议。当抗议委员会认定S的确改变了航线，并且有理由怀疑如果S不改变航线，P就不能从其船头通过，那么，P应被取消资格。

**案例** 75

当规则18适用时，A节与B节的规则也适用。当内侧相联的航行权船必须在标旁顺风换舷时，她有权行驶自己的正当航线直到其顺风换舷。如果右舷船给予了左舷船足够的避让空间，左舷船没有迅即利用这个空间，右舷船的改变航线不违反规则16.1。

**案例87**

在明确另一条船不会避让之前，航行权船不必采取行动避免接触。

**案例88**

一条船可能避免了接触却未能避让。

**案例99**

须避让的船失去控制这一事实不能对其违反规则第二章免责。当规则14要求航行权船“若合理可行……避免接触”，并且做到此点唯一的办法就是急速顺风换舷时，不进行急速顺风换舷也不违反规则。当根据规则44.1（b），对一条船的惩罚是退出竞赛时，若她这样做了，就不能再取消其资格（不管是她自己的选择还是迫不得已）。

**案例105**

两条相对舷风的船顺风行驶时，右舷船可以改变航线，前提是她给予了左舷船避让的空间。

**案例123**

当一位非专业但称职的、在掌舵右舷船的舵手确信存在与一条左舷船产生接触的重大风险时，如果右舷船仍然有足够的时间改变航线避碰，但却发生了接触，右舷船就违反了规则14。

## 规则11，同舷风、相联

**案例7**

当已经是明显在后的船，在与另一条船的距离为自身船长两倍之内变成下风相联时，上风船必须避让，但下风船必须在相联开始时就给予上风船避让的空间并不得高于其正当航线行驶。上风船的正当航线与此无关。

**案例12**

当根据规则18.2（b）确定内侧船的绕标空间权利时，只要其中第一条船到达标区时相联是存在的，船之间的航线差别很大也是没有关系的。

**案例13**

起航信号前，下风船的航线高于上风船的航线并不违反规则。

**案例14**

由于对下风船的正当航线有不同的看法，当两条同舷风船相会时，上风船必须避让。两条处于同一航段又相隔较近的船可能会有不同的正当航线。

**案例24**

当一条船从明显在后变为从下风相联时，另一条船必须迅即采取行动避让。当她不能以正常的航行操作做到这一点时，她就没有给予规则15所要求的空间。

**案例25**

在内侧相联上风船已被给予绕标空间后，规则18不再适用，但规则11继续适用。内侧上风船必须避让外侧下风船，下风船可以迎风偏转，前提是她给予了上风船避让的空间。

**案例41**

当两条同舷风相联的船超越前面同舷风的船并从其下风通过时，关于规则19.2（b）和定义障碍物、明显在前与明显在后；相联是如何运用的讨论。在障碍物旁没有呼喊空间的义务，但却是个明智的做法。

**案例46**

即使下风船在距离上风船两倍船长内从明显在后建立下风相联，下风船也有权迎风偏转到她的正当航线上去。

**案例51**

当船因另一条船违反规则而被迫违反规则时，抗议委员会就必须认定在事件发生时其被免责。

**案例53**

明显在前的船在被明显在后的船下风相联之前，无需采取任何行动去避让。

**案例73**

当L的船员故意地探出来碰触W且该行为的唯一目的是使W违反规则11时，L就违反了规则2。

**案例74**

没有规定下风船的舵手或船员必须怎样坐着的规则。除非舵手或船员有意地坐在不当的位置上，否则与上风船接触不违反规则2。

**案例146**

当两船驶近起航标去起航，下风船迎风偏转，如果上风船行驶在她根据规则16.1有权要求的空间内时违反了规则11，可根据规则43.1（b）对其免责。

## 规则12，同舷风、不相联

**案例2**

如果两船中第一条到达标区的船在到达标区时明显在后，并且，如果之后另一条船到达标区时两船相联了，规则18.2（a）适用，规则18.2（b）不适用。只有当船相联且其中至少有一条船在标区内时，规则18.2（a）才适用。

**案例15**

迎风换舷去绕标时，明显在前的船必须遵守规则13；明显在后的船有权保持航线来阻止另一条船迎风换舷。

**案例24**

当一条船从明显在后变为从下风相联时，另一条船必须迅即采取行动避让。当她不能以正常的航行操作做到这一点时，她就没有给予规则15所要求的空间。

**案例41**

当两条同舷风相联的船超越前面同舷风的船并从其下风通过时，关于规则19.2（b）和定义障碍物、明显在前与明显在后；相联是如何运用的讨论。在障碍物旁没有呼喊空间的义务，但却是个明智的做法。

**案例77**

船的器材碰到标志就构成碰标。负有避让义务的船如果被一条航行权船上意外移动到非正常位置的器材所碰触，她并不犯规。

**案例91**

当另外一条船的器材超出正常位置的量足以被看到并可以被避开时，需要避让的船也必须避让其不在正常位置的器材。

## 规则13，迎风换舷时

**案例15**

迎风换舷去绕标时，明显在前的船必须遵守规则13；明显在后的船有权保持航线来阻止另一条船迎风换舷。

**案例17**

一条船处于近迎风航线上时，就不再受规则13的约束，不管她相对水面是如何运动的，也不管她是如何操作帆缭的。

**案例27**

一条船无需预计另一条船将要犯规。当一条船因自己的动作而获得航行权时，另一条船有权利要求避让的空间。

## B节　一般限制

### 规则14，避免接触

**案例2**

如果两船中第一条到达标区的船在到达标区时明显在后，并且，如果之后另一条船到达标区时两船相联了，规则18.2（a）适用，规则18.2（b）不适用。只有当船相联且其中至少有一条船在标区内时，规则18.2（a）才适用。

**案例7**

当已经是明显在后的船，在与另一条船的距离为自身船长两倍之内变成下风相联时，上风船必须避让，但下风船必须在相联开始时就给予上风船避让的空间并不得高于其正当航线行驶。上风船的正当航线与此无关。

**案例11**

当船在障碍物旁相联，包括在被视为障碍物的一条权力船旁相联时，外侧船必须给予内侧船从她与障碍物间通过的空间。

**案例13**

起航信号前，下风船的航线高于上风船的航线并不违反规则。

**案例14**

由于对下风船的正当航线有不同的看法，当两条同舷风船相会时，上风船必须避让。两条处于同一航段又相隔较近的船可能会有不同的正当航线。

**案例23**

在顺风航段上，当一条右舷船从她前面的两条左舷船之间通过时，规则19对她不适用。规则10要求这两条左舷船避让。

**案例25**

在内侧相联上风船已被给予绕标空间后，规则18不再适用，但规则11继续适用。内侧上风船必须避让外侧下风船，下风船可以迎风偏转，前提是她给予了上风船避让的空间。

**案例26**

在明确另一条船不会避让之前，航行权船无需采取行动避让。但是，当航行权船本可以避碰却因碰撞导致损坏时，则必须根据规则14惩罚她。

**案例27**

一条船无需预计另一条船将要犯规。当一条船因自己的动作而获得航行权时，另一条船有权利要求避让的空间。

**案例30**

明显在后须避让的船却与明显在前的船相撞了就违反了碰撞发生前适用的航行权规则。但是，由于无意地换舷而失去航行权的船仍需要避让。

**案例43**

一条靠近并平行于障碍物、以左舷近迎风行驶的船必须避让另一条已经换至右舷并正以相撞的航线驶来的船。

**案例49**

当两个抗议出自同一事件或紧密相连的事件时，应在涉及的全部船只代表都出席的情况下合并审理。

**案例50**

当抗议委员会认定在一次左右舷事件中，S没有改变航线并且从S方面来看不会有真实且合理的碰撞担忧，就应驳回她的抗议。当抗议委员会认定S的确改变了航线，并且有理由怀疑如果S不改变航线，P就不能从其船头通过，那么，P应被取消资格。

**案例75**

当规则18适用时，A节与B节的规则也适用。当内侧相联的航行权船必须在标旁顺风换舷时，她有权行驶自己的正当航线直到其顺风换舷。如果右舷船给予了左舷船足够的避让空间，左舷船没有迅即利用这个空间，右舷船的改变航线不违反规则16.1。

**案例77**

船的器材碰到标志就构成碰标。负有避让义务的船如果被一条航行权船上意外移动到非正常位置的器材所碰触，她并不犯规。

**案例81**

当根据规则18.2（b）有权获得绕标空间的船越过正顶风时，规则18.2（b）停止适用，她必须遵守适用的A

节规则。

**案例87**

在明确另一条船不会避让之前，航行权船不必采取行动避免接触。

**案例88**

一条船可能避免了接触却未能避让。

**案例91**

当另外一条船的器材超出正常位置的量足以被看到并可以被避开时，需要避让的船也必须避让其不在正常位置的器材。

**案例92**

当航行权船改变航线时，避让船仅需对航行权船当时的动作做出回应，而不必对其之后可能做的动作做出回应。

**案例99**

须避让的船失去控制这一事实不能对其违反规则第二章免责。当规则14要求航行权船“若合理可行……避免接触”，并且做到此点唯一的办法就是急速顺风换舷时，不进行急速顺风换舷也不违反规则。当根据规则44.1（b），对一条船的惩罚是退出竞赛时，若她这样做了，就不能再取消其资格（不管是她自己的选择还是迫不得已）。

**案例105**

两条相对舷风的船顺风行驶时，右舷船可以改变航线，前提是她给予了左舷船避让的空间。

**案例107**

在起航程序中，一条没有保持瞭望的船可能无法合理可行地避免接触。呼喊是船“采取措施避免接触”的办法之一。当一条船违反了规则第二章，造成严重损坏后退出竞赛，她就已经接受了适当的惩罚，不会因该犯规行为被取消资格。

**案例123**

当一位非专业但称职的、在掌舵右舷船的舵手确信存在与一条左舷船产生接触的重大风险时，如果右舷船仍然有足够的时间改变航线避碰，但却发生了接触，右舷船就违反了规则14。

## 规则15，获取航行权

**案例2**

如果两船中第一条到达标区的船在到达标区时明显在后，并且，如果之后另一条船到达标区时两船相联了，规则18.2（a）适用，规则18.2（b）不适用。只有当船相联且其中至少有一条船在标区内时，规则18.2（a）才适用。

**案例7**

当已经是明显在后的船，在与另一条船的距离为自身船长两倍之内变成下风相联时，上风船必须避让，但下风船必须在相联开始时就给予上风船避让的空间并不得高于其正当航线行驶。上风船的正当航线与此无关。

**案例13**

起航信号前，下风船的航线高于上风船的航线并不违反规则。

**案例24**

当一条船从明显在后变为从下风相联时，另一条船必须迅即采取行动避让。当她不能以正常的航行操作做到这一点时，她就没有给予规则15所要求的空间。

**案例27**

一条船无需预计另一条船将要犯规。当一条船因自己的动作而获得航行权时，另一条船有权利要求避让的空间。

**案例53**

明显在前的船在被明显在后的船下风相联之前，无需采取任何行动去避让。

**案例81**

当根据规则18.2（b）有权获得绕标空间的船越过正顶风时，规则18.2（b）停止适用，她必须遵守适用的A节规则。

**案例93**

当一条船在另一条船的下风变为相联后就立即迎风偏转，而另一条船以正常的航行操作无法避让时，迎风偏转的船就违反了规则15和16.1。另一条船违反了规则11，但被免责。

**案例105**

两条相对舷风的船顺风行驶时，右舷船可以改变航线，前提是她给予了左舷船避让的空间。

**案例117**

三条船同舷受风，其中明显在后的两条相联船在超越第三条船，如果后面的下风船与前面的船变为相联，则前面的船就不再是障碍物，规则19.2（b）不适用。在任何情况下，一排彼此靠近航行着的船不是连续障碍物。

## 规则16.1，改变航线

**案例6**

当左舷船已经顺偏要从右舷船尾部通过后，该右舷船迎风换舷并不一定违反规则。

**案例7**

当已经是明显在后的船，在与另一条船的距离为自身船长两倍之内变成下风相联时，上风船必须避让，但下风船必须在相联开始时就给予上风船避让的空间并不得高于其正当航线行驶。上风船的正当航线与此无关。

**案例13**

起航信号前，下风船的航线高于上风船的航线并不违反规则。

**案例14**

由于对下风船的正当航线有不同的看法，当两条同舷风船相会时，上风船必须避让。两条处于同一航段又相隔较近的船可能会有不同的正当航线。

**案例25**

在内侧相联上风船已被给予绕标空间后，规则18不再适用，但规则11继续适用。内侧上风船必须避让外侧下风船，下风船可以迎风偏转，前提是她给予了上风船避让的空间。

**案例26**

在明确另一条船不会避让之前，航行权船无需采取行动避让。但是，当航行权船本可以避碰却因碰撞导致损坏时，则必须根据规则14惩罚她。

**案例 46**

即使下风船在距离上风船两倍船长内从明显在后建立下风相联，下风船也有权迎风偏转到她的正当航线上去。

**案例 52**

规则 16.1 没有限制避让船的航线。将另一条船从起航线驱赶出去的航行操作并不一定违反本规则。

**案例 75**

当规则 18 适用时，A 节与 B 节的规则也适用。当内侧相联的航行权船必须在标旁顺风换舷时，她有权行驶自己的正当航线直到其顺风换舷。如果右舷船给予了左舷船足够的避让空间，左舷船没有迅即利用这个空间，右舷船的改变航线不违反规则 16.1。

**案例 92**

当航行权船改变航线时，避让船仅需对航行权船当时的动作做出回应，而不必对其之后可能做的动作做出回应。

**案例 93**

当一条船在另一条船的下风变为相联后就立即迎风偏转，而另一条船以正常的航行操作无法避让时，迎风偏转的船就违反了规则 15 和 16.1。另一条船违反了规则 11，但被免责。

**案例 105**

两条相对舷风的船顺风行驶时，右舷船可以改变航线，前提是她给予了左舷船避让的空间。

**案例 114**

当一条船有权要求空间时，这个空间包括她履行规则第二章和规则 31 义务的空间。

**案例 146**

当两船驶近起航标去起航，下风船迎风偏转，如果上风船行驶在她根据规则 16.1 有权要求的空间内时违反了规则 11，可根据规则 43.1（b）对其免责。

## 规则16.2，改变航线

**案例 6**

当左舷船已经顺偏要从右舷船尾部通过后，该右舷船迎风换舷并不一定违反规则。

**案例 92**

当航行权船改变航线时，避让船仅需对航行权船当时的动作做出回应，而不必对其之后可能做的动作做出回应。

**案例 132**

短语“驶向上风的迎风航段”的解释。

## 规则17，同舷风；正当航线

**案例 7**

当已经是明显在后的船，在与另一条船的距离为自身船长两倍之内变成下风相联时，上风船必须避让，但下风船必须在相联开始时就给予上风船避让的空间并不得高于其正当航线行驶。上风船的正当航线与此无关。

**案例 13**

起航信号前，下风船的航线高于上风船的航线并不违反规则。

**案例 14**

由于对下风船的正当航线有不同的看法，当两条同舷风船相会时，上风船必须避让。两条处于同一航段又相隔较近的船可能会有不同的正当航线。

**案例** 46

即使下风船在距离上风船两倍船长内从明显在后建立下风相联，下风船也有权迎风偏转到她的正当航线上去。

**案例** 134

一条船任何时刻的正当航线取决于当时的条件。其中一些条件是风力和风向、阵风和风歇的类型、海浪、水流以及船体和装备的物理特性，包括正在使用的帆。

# C节　在标志和障碍物旁

## 第二章C节前言

**案例** 146

当两船驶近起航标去起航，下风船迎风偏转，如果上风船行驶在她根据规则16.1有权要求的空间内时违反了规则11，可根据规则43.1（b）对其免责。

## 规则18.1，绕标空间：规则18适用时

**案例** 9

当右舷船选择通过上风标时，左舷船必须避让。没有规则要求船要按其正当航线行驶。

**案例** 12

当根据规则18.2（b）确定内侧船的绕标空间权利时，只要其中第一条船到达标区时相联是存在的，船之间的航线差别很大也是没有关系的。

**案例 15**

迎风换舷去绕标时，明显在前的船必须遵守规则 13；明显在后的船有权保持航线来阻止另一条船迎风换舷。

**案例 26**

在明确另一条船不会避让之前，航行权船无需采取行动避让。但是，当航行权船本可以避碰却因碰撞导致损坏时，则必须根据规则 14 惩罚她。

**案例 81**

当根据规则 18.2（b）有权获得绕标空间的船越过正顶风时，规则 18.2（b）停止适用，她必须遵守适用的 A 节规则。

**案例 95**

在驶向上风的迎风航段上，如果同舷相联的两船受规则 18.2（b）的约束，她们中任何一条船越过正顶风时，规则 18 就停止适用。当一条船需要给予另一条船绕标空间时，她所必须给予的空间包括另一条船遵守规则 31 的空间。当有权要求绕标空间的船在其有权获得的绕标空间内因另一条船所迫而碰标时，其违反规则 31 的行为被免责。

**案例 132**

短语“驶向上风的迎风航段”的解释。

## 规则 18.2（a），绕标空间：给予绕标空间

**案例 2**

如果两船中第一条到达标区的船在到达标区时明显在后，并且，如果之后另一条船到达标区时两船相联了，规则 18.2（a）适用，规则 18.2（b）不适用。只有当船相联

且其中至少有一条船在标区内时，规则18.2（a）才适用。

**案例**59

当一条船来到与标志齐平但又在标区外时，并且，当她向标志方向的航线改变导致另一条处于标区内且原本明显在后的船变为与她内侧相联时，规则18.2（a）要求她给予那条船绕标空间，不论她到标志的距离是否是由于给予其他内侧相联船绕标空间所产生的。

## 规则18.2（b），绕标空间：给予绕标空间

## 规则18.2（c），绕标空间：给予绕标空间

**案例**2

如果两船中第一条到达标区的船在到达标区时明显在后，并且，如果之后另一条船到达标区时两船相联了，规则18.2（a）适用，规则18.2（b）不适用。只有当船相联且其中至少有一条船在标区内时，规则18.2（a）才适用。

**案例**12

当根据规则18.2（b）确定内侧船的绕标空间权利时，只要其中第一条船到达标区时相联是存在的，船之间的航线差别很大也是没有关系的。

**案例**15

迎风换舷去绕标时，明显在前的船必须遵守规则13；明显在后的船有权保持航线来阻止另一条船迎风换舷。

**案例**25

在内侧相联上风船已被给予绕标空间后，规则18不再适用，但规则11继续适用。内侧上风船必须避让外侧下风

船，下风船可以迎风偏转，前提是她给予了上风船避让的空间。

**案例 59**

当一条船来到与标志齐平但又在标区外时，并且，当她向标志方向的航线改变导致另一条处于标区内且原本明显在后的船变为与她内侧相联时，规则 18.2（a）要求她给予那条船绕标空间，不论她到标志的距离是否是由于给予其他内侧相联船绕标空间所产生的。

**案例 63**

在标旁，当没有权利要求空间的船具有了空间，她可以自己承担风险来利用该空间。

**案例 75**

当规则 18 适用时，A 节与 B 节的规则也适用。当内侧相联的航行权船必须在标旁顺风换舷时，她有权行驶自己的正当航线直到其顺风换舷。如果右舷船给予了左舷船足够的避让空间，左舷船没有迅即利用这个空间，右舷船的改变航线不违反规则 16.1。

**案例 81**

当根据规则 18.2（b）有权获得绕标空间的船越过正顶风时，规则 18.2（b）停止适用，她必须遵守适用的 A 节规则。

**案例 95**

在驶向上风的迎风航段上，如果同舷相联的两船受规则 18.2（b）的约束，她们中任何一条船越过正顶风时，规则 18 就停止适用。当一条船需要给予另一条船绕标空间时，她所必须给予的空间包括另一条船遵守规则 31 的空间。当有权要求绕标空间的船在其有权获得的绕标空间内因另一条船所迫而碰标时，其违反规则31的行为被免责。

**案例114**

当一条船有权要求空间时，这个空间包括她履行规则第二章和规则31义务的空间。

**案例118**

在绕标空间的定义中，"行驶到标志的空间"这个短语表示以正常的航行操作迅即驶到那个接近标志并在标志规定的一侧的位置所需要的空间。

## 规则18.2（c）（2），绕标空间：给予绕标空间

**案例63**

在标旁，当没有权利要求空间的船具有了空间，她可以自己承担风险来利用该空间。

## 规则18.2（d），绕标空间：给予绕标空间

**案例15**

迎风换舷去绕标时，明显在前的船必须遵守规则13；明显在后的船有权保持航线来阻止另一条船迎风换舷。

**案例81**

当根据规则18.2（b）有权获得绕标空间的船越过正顶风时，规则18.2（b）停止适用，她必须遵守适用的A节规则。

## 规则18.3，绕标空间：在标区内越过正顶风

**案例93**

当一条船在另一条船的下风变为相联后就立即迎风偏

转，而另一条船以正常的航行操作无法避让时，迎风偏转的船就违反了规则15和16.1。另一条船违反了规则11，但被免责。

**案例95**

在驶向上风的迎风航段上，如果同舷相联的两船受规则18.2（b）的约束，她们中的任何一条船越过正顶风时，规则18就停止适用。当一条船需要给予另一条船绕标空间时，她所必须给予的空间包括另一条船遵守规则31的空间。当有权要求绕标空间的船在其有权获得的绕标空间内因另一条船所迫而碰标时，其违反规则31的行为被免责。

## 规则18.4，绕标空间：顺风换舷

**案例75**

当规则18适用时，A节与B节的规则也适用。当内侧相联的航行权船必须在标旁顺风换舷时，她有权行驶自己的正当航线直到其顺风换舷。如果右舷船给予了左舷船足够的避让空间，左舷船没有迅即利用这个空间，右舷船的改变航线不违反规则16.1。

## 规则19，通过障碍物的空间

**案例23**

在顺风航段上，当一条右舷船从她前面的两条左舷船之间通过时，规则19对她不适用。规则10要求这两条左舷船避让。

**案例30**

明显在后须避让的船却与明显在前的船相撞了就违反

了碰撞发生前适用的航行权规则。但是，由于无意地换舷而失去航行权的船仍需要避让。

## 规则19.2，通过障碍物的空间：在障碍物旁给予空间

**案例3**

面对驶来的作为障碍物的右舷船时，呼喊迎风换舷空间的下风左舷船不必预计上风船将不履行她迅即迎风换舷或用其他方式给予空间的义务。

**案例11**

当船在障碍物旁相联，包括在被视为障碍物的一条权力船旁相联时，外侧船必须给予内侧船从她与障碍物间通过的空间。

**案例29**

一条下风船是与之相联的一条上风船和第三条明显在后的船的障碍物。只要从相联开始时，上风船能够给予空间的话，明显在后的船就可以从这两条相联船之间通过并有权从上风船处要求她与下风船之间通过的空间。

**案例33**

一条驶近障碍物的船呼喊迎风换舷的空间，但却是在规则20所描述的需要安全避开障碍物的时机来临以前进行的呼喊，她这样做违反了规则20.1（a）。然而，即使该呼喊违反了规则20.1（a），被呼喊的船也必须做出回应。内侧相联船有权根据规则19.2（b）要求外侧船与障碍物间的空间，即使她已经迎风换舷进入了内侧相联位置。

**案例41**

当两条同舷风相联的船超越前面同舷风的船并从其下

风通过时，关于规则19.2（b）和定义障碍物、明显在前与明显在后；相联是如何运用的讨论。在障碍物旁没有呼喊空间的义务，但却是个明智的做法。

**案例43**

一条靠近并平行于障碍物、以左舷近迎风行驶的船必须避让另一条已经换至右舷并正以相撞的航线驶来的船。

**案例49**

当两个抗议出自同一事件或紧密相连的事件时，应在涉及的全部船只代表都出席的情况下合并审理。

**案例117**

三条船同舷受风，其中明显在后的两条相联船在超越第三条船，如果后面的下风船与前面的船变为相联，则前面的船就不再是障碍物，规则19.2（b）不适用。在任何情况下，一排彼此靠近航行着的船不是连续障碍物。

**案例124**

在两条船驶近一个障碍物的任何时刻，那时的航行权船可以选择从障碍物的任意一侧通过，前提是随后她要遵守相应的规则。

**案例125**

当一条外侧相联的船需要给予一条或多条内侧船通过障碍物的空间时，所给予的空间必须足够大，大到使所有内侧船都能履行规则第二章的义务。

## 规则20，障碍物旁迎风换舷的空间

**案例3**

面对驶来的作为障碍物的右舷船时，呼喊迎风换舷空间的下风左舷船不必预计上风船将不履行她迅即迎风换舷或用其他方式给予空间的义务。

**案例10**

如果一条既没有接近障碍物也没有以近迎风或高于近迎风行驶的船呼喊了迎风换舷的空间，则她违反了规则20.1。被呼喊的船必须做出回应，即使该呼喊违反了规则20.1。

**案例11**

当船在障碍物旁相联，包括在被视为障碍物的一条权力船旁相联时，外侧船必须给予内侧船从她与障碍物间通过的空间。

**案例33**

一条驶近障碍物的船呼喊迎风换舷的空间，但却是在规则20所描述的需要安全避开障碍物的时机来临以前进行的呼喊，她这样做违反了规则20.1（a）。然而，即使该呼喊违反了规则20.1（a），被呼喊的船也必须做出回应。内侧相联船有权根据规则19.2（b）要求外侧船与障碍物间的空间，即使她已经迎风换舷进入了内侧相联位置。

**案例35**

当一条船在障碍物旁被呼喊迎风换舷的空间，她回答“你迎风换舷”时，发出呼喊的船之后能够以正常的航行操作迎风换舷并避开被呼喊的船时，被呼喊的船就遵守了规则20.2（c）。

**案例54**

有关规则20要求的关于呼喊、信号及其时机的解释。

**案例 101**

当航行权船需要给予另一条船操作空间时，航行权并没有转移到另一条有权要求空间的船上。驶近障碍物时，对方在回应你要求迎风换舷空间的呼喊时喊“你迎风换舷”，如果你照此做了，之后能以正常的航行操作再迎风换舷一次以避让，那么另外一条船就已经给予了你所需要的空间。

**案例 113**

本例是以下情况出现时，如何运用规则 20 的解释：三条近迎风同舷行驶的船驶近障碍物，最下风的船呼喊迎风换舷的空间，但又无法迎风换舷，除非在她上风的两条船都迎风换舷。

## D 节　其他规则

### 规则 22，倾覆、抛锚或搁浅；救援

**案例 5**

在竞赛中抛锚的船仍然是正在竞赛的船。一条船在拉锚绳收锚时回到了她原来抛锚的位置，并不违反规则 42.1 和 45。然而，如果在收锚绳时明显将船推到另一个不同的位置，她就违反了那些规则。

### 规则 23.2，妨碍另外一条船

**案例 49**

当两个抗议出自同一事件或紧密相连的事件时，应在涉及的全部船只代表都出席的情况下合并审理。

**案例126**

为了确定规则23.2是否适用于一个事件，一条船行驶的航段要与刚刚事件发生前的航线及她在该航线上行驶的理由相一致。

# 第三章　竞赛的实施

## 规则 26，竞赛起航

### 案例 31

当个别召回的正确视觉信号发出，但未发出所要求的音响信号时，并且当被召回的船处于能听到音响信号的位置未看到视觉信号时，也就没有返回时，她有权获得补偿。然而，如果她意识到自己处在了起航线的航线一侧，则必须返回并正确起航。

## 规则 28，行驶竞赛航线

### 案例 112

一条在行驶航线过程中犯错但没有改正错误的船，在她到达终点前都不算违反规则 28.1。如果一条船犯了这样的错误，第二条船可以在第一条船到达终点前或者到达终点后的第一合理时机告知第一条船她的抗议意图。

## 规则 28.1，行驶竞赛航线

### 案例 28

当一条船因违反规则而造成另外一条船碰标时，这条碰标的船可以免责。无论出于何种原因，起点标志已经移动这一事实不能免除一条船起航的义务。只有当标位的移动直接影响到竞赛安全或公平时，竞赛委员会才可以根据规则 32.1（c）放弃竞赛。

**案例58**

如果航行细则中规定在终点线后面一侧的浮标或其他物体是终点线的限制标，那么船可以从其任何一侧离开。

**案例90**

当一条船的连线从标志的规定一侧通过时，如果这条线拉紧时也从该标志的非规定一侧通过的话，她并没有违反规则28.1。

**案例106**

当代表一条船航迹的连线位于终点标或门标的规定一侧时，拉紧它后，如果连线也从那些标志的非规定一侧通过，也是没有关系的。

**案例108**

一条船碰标后解脱时无需做一个完整的360° 转圈，她可以在绕标的同时完成解脱。如果她的绕标转圈包括一个迎风换舷和一个顺风换舷，并且是在避开其他船且不再碰标后迅即做的，没有出现因此获利的问题，那么这就可以算作她的解脱。

**案例128**

如果竞赛委员会观察到一条船在行驶航线时违反了规则28.1，并且没有改正此错误，则需要将其计分为NSC。如果竞赛委员会观察到一条船在到达终点时碰标了，则必须按照她到达终点的名次计分，可以抗议她违反了规则31。

**案例129**

当在一个绕行的标志旁缩短航线时，该标志就变为终点标。规则32.2（a）允许竞赛委员会在终点线的任一侧定位展示S旗的这条船。一条船必须根据到达终点的定义通过终点线，即使在这样做时会导致她离开标志的一侧与不缩短航线时所要求的一侧相反。

**案例 145**

定义行驶航线所描述的一条船的轨迹被拉紧时，仅落在通航水域内。

## 规则29.1，召回：个别召回

**案例 31**

当个别召回的正确视觉信号发出，但未发出所要求的音响信号时，并且当被召回的船处于能听到音响信号的位置未看到视觉信号时，也就没有返回时，她有权获得补偿。然而，如果她意识到自己处在了起航线的航线一侧，则必须返回并正确起航。

**案例 79**

如果一条船没有理由知道自己的船体部分过早地越过了起航线，而竞赛委员会没有迅即发出“个别召回”信号却记录她为OCS，这是并非该船自身失误造成的使其记分明显变差的错误，她有权要求补偿。

**案例 136**

在认定事实时，抗议委员会会受到证据权重的约束。通常，观察起航线的竞赛委员会成员的位置要比任何参赛船更能看清楚某船是否在起航信号时抢航，以及其是否返回起航准备区一侧并起航。

## 规则30.2，起航惩罚：Z旗规则

## 规则30.3，起航惩罚：U旗规则

## 规则30.4，起航惩罚；黑旗规则

**案例65**

当一条船意识到自己已经违反了黑旗规则时，她有义务迅即退出竞赛。如果她没有这样做，之后在本轮竞赛中有意妨碍另一条船，她就构成严重违反体育道德和规则2，她的舵手构成品行不端。

**案例96**

全部召回后，一条船看到自己的帆号被展示，知道了自己因违反规则30.4第二句话而被竞赛委员会取消了资格，她确信这是竞赛委员会的错误，此时她的唯一选择是不起航，然后要求补偿。但是，如果竞赛委员会没有展示她的帆号，她参加了重新起航的竞赛，她应当被记为BFD，而不是DNE。

**案例111**

如果一条船在造成全部召回的起航程序中违反了规则30.2或30.4，那么，即使该轮竞赛在起航程序前被推迟了，或者是在其后的起航程序中于起航信号前发出了推迟信号，竞赛委员会也需要对她进行惩罚。

**案例140**

一条船被违反规则第二章的船逼迫越过起航线时，规则是如何适用的。

## 规则31，碰标

**案例77**

船的器材碰到标志就构成碰标。负有避让义务的船如果被一条航行权船上意外移动到非正常位置的器材所碰触，她并不犯规。

**案例108**

一条船碰标后解脱时无需做一个完整的360°转圈，她可以在绕标的同时完成解脱。如果她的绕标转圈包括一个迎风换舷和一个顺风换舷，并且是在避开其他船且不再碰标后迅即做的，没有出现因此获利的问题，那么这就可以算作她的解脱。

**案例114**

当一条船有权要求空间时，这个空间包括她履行规则第二章和规则31义务的空间。

**案例128**

如果竞赛委员会观察到一条船在行驶航线时违反了规则28.1，并且没有改正此错误，则需要将其计分为NSC。如果竞赛委员会观察到一条船在到达终点时碰标了，则必须按照她到达终点的名次计分，可以抗议她违反了规则31。

## 规则32，起航后缩短航线或放弃竞赛

**案例28**

当一条船因违反规则而造成另外一条船碰标时，这条碰标的船可以免责。无论出于何种原因，起点标志已经移动这一事实不能免除一条船起航的义务。只有当标位的移动直接影响到竞赛安全或公平时，竞赛委员会才可以根据规则32.1（c）放弃竞赛。

**案例37**

一场赛事的每一轮竞赛都是一场单独的竞赛。在一场

多级别的帆船赛中，放弃也许只适用于某些级别而不是所有级别。

**案例** 129

当在一个绕行的标志旁缩短航线时，该标志就变为了终点标。规则32.2（a）允许竞赛委员会在终点线的任一侧定位展示S旗的这条船。一条船必须根据到达终点的定义通过终点线，即使在这样做时会导致她离开标志的一侧与不缩短航线时所要求的一侧相反。

## 规则36，重新起航或重新竞赛

**案例** 19

关于“损坏”一词的解释。

**案例** 141

短语“严重损坏”中“严重”一词的解释。

# 第四章　竞赛时的其他规定

## 规则41，外部援助

### 案例78

无论是统一设计级或是采用某种让分制或评级制的群发赛，一条船可以采用战术来明显干扰或阻碍另一条船的比赛进程，前提是她若被以规则2抗议，抗议委员会能确定她所使用的战术确实有机会使自己在赛事中的最后排名受益，或使自己有机会获得另一项赛事或其国家队的选拔出线权。但是，如果她在使用这些战术时有意违反规则，她就违反了规则2，可能还有规则69.1（a）。

### 案例100

当一条船寻求并接收了竞赛战术建议时就是接受了外部援助，即使这些建议是在公共无线电频道里寻求与接收到的。

### 案例120

规则41（c）中的“可随意获取的信息”是在竞赛中所有船都容易获得且无金钱成本的信息。规则41（c）是一条可以在赛事中更改的规则，前提是遵循规则中建立的程序。

## 规则42，推进

### 案例5

在竞赛中抛锚的船仍然是正在竞赛的船。一条船在拉锚绳收锚时回到了她原来抛锚的位置，并不违反规则42.1和45。然而，如果在收锚绳时明显将船推到另一个不同的位置，她就违反了那些规则。

**案例8**

利用在旁边通过的一条船产生的一系列波浪，为了调整船位以从每个过浪中获取速度，针对每个浪的舵的反复运动并不是摇舵，除非这些动作是很用力的，并且，利用水的作用来增加船速是被允许的。

**案例69**

准备信号前由于发动机推进的结果而使船在准备信号后产生了运动，并不违反规则42.1。

## 规则43，免责

**案例11**

当船在障碍物旁相联，包括在被视为障碍物的一条权力船旁相联时，外侧船必须给予内侧船从她与障碍物间通过的空间。

**案例12**

当根据规则18.2（b）确定内侧船的绕标空间权利时，只要其中第一条船到达标区时相联是存在的，船之间的航线差别很大也是没有关系的。

**案例25**

在内侧相联上风船已被给予绕标空间后，规则18不再适用，但规则11继续适用。内侧上风船必须避让外侧下风船，下风船可以迎风偏转，前提是她给予了上风船避让的空间。

**案例27**

一条船无需预计另一条船将要犯规。当一条船因自己的动作而获得航行权时，另一条船有权利要求避让的空间。

**案例30**

明显在后须避让的船却与明显在前的船相撞了就违反了碰撞发生前适用的航行权规则。但是，由于无意地换舷而失去航行权的船仍需要避让。

## 规则43.1（a），免责

**案例3**

面对驶来的作为障碍物的右舷船时，呼喊迎风换舷空间的下风左舷船不必预计上风船将不履行她迅即迎风换舷或用其他方式给予空间的义务。

**案例28**

当一条船因违反规则而造成另外一条船碰标时，这条碰标的船可以免责。无论出于何种原因，起点标志已经移动这一事实不能免除一条船起航的义务。只有当标位的移动直接影响到竞赛安全或公平时，竞赛委员会才可以根据规则32.1（c）放弃竞赛。

**案例30**

明显在后须避让的船却与明显在前的船相撞了就违反了碰撞发生前适用的航行权规则。但是，由于无意地换舷而失去航行权的船仍需要避让。

**案例51**

当船因另一条船违反规则而被迫违反规则时，抗议委员会就必须认定在事件发生时其被免责。

**案例91**

当另外一条船的器材超出正常位置的量足以被看到并

可以被避开时，需要避让的船也必须避让其不在正常位置的器材。

**案例** 140

一条船被违反规则第二章的船逼迫越过起航线时，规则是如何适用的。

**案例** 146

当两船驶近起航标去起航，下风船迎风偏转，如果上风船行驶在她根据规则16.1有权要求的空间内时违反了规则11，可根据规则43.1（b）对其免责。

## 规则43.1（b），免责

**案例** 24

当一条船从明显在后变为从下风相联时，另一条船必须迅即采取行动避让。当她不能以正常的航行操作做到这一点时，她就没有给予规则15所要求的空间。

**案例** 25

在内侧相联上风船已被给予绕标空间后，规则18不再适用，但规则11继续适用。内侧上风船必须避让外侧下风船，下风船可以迎风偏转，前提是她给予了上风船避让的空间。

**案例** 49

当两个抗议出自同一事件或紧密相连的事件时，应在涉及的全部船只代表都出席的情况下合并审理。

**案例** 63

在标旁，当没有权利要求空间的船具有了空间，她可以自己承担风险来利用该空间。

**案例93**

当一条船在另一条船的下风变为相联后就立即迎风偏转，而另一条船以正常的航行操作无法避让时，迎风偏转的船就违反了规则15和16.1。另一条船违反了规则11，但被免责。

**案例95**

在驶向上风的迎风航段上，如果同舷相联的两船受规则18.2（b）的约束，她们中任何一条船越过正顶风时，规则18就停止适用。当一条船需要给予另一条船绕标空间时，她所必须给予的空间包括另一条船遵守规则31的空间。当有权要求绕标空间的船在其有权获得的绕标空间内因另一条船所迫而碰标时，其违反规则31的行为被免责。

**案例124**

在两条船驶近一个障碍物的任何时刻，那时的航行权船可以选择从障碍物的任意一侧通过，前提是随后她要遵守相应的规则。

**案例125**

当一条外侧相联的船需要给予一条或多条内侧船通过障碍物的空间时，所给予的空间必须足够大，大到使所有内侧船都能履行规则第二章的义务。

**案例146**

当两船驶近起航标去起航，下风船迎风偏转，如果上风船行驶在她根据规则16.1有权要求的空间内时违反了规则11，可根据规则43.1（b）对其免责。

## 规则43.1（c），免责

**案例2**

如果两船中第一条到达标区的船在到达标区时明显在后，并且，如果之后另一条船到达标区时两船相联了，规则18.2（a）适用，规则18.2（b）不适用。只有当船相联且其中至少有一条船在标区内时，规则18.2（a）才适用。

**案例7**

当已经是明显在后的船，在与另一条船的距离为自身船长两倍之内变成下风相联时，上风船必须避让，但下风船必须在相联开始时就给予上风船避让的空间并不得高于其正当航线行驶。上风船的正当航线与此无关。

**案例13**

起航信号前，下风船的航线高于上风船的航线并不违反规则。

**案例14**

由于对下风船的正当航线有不同的看法，当两条同舷风船相会时，上风船必须避让。两条处于同一航段又相隔较近的船可能会有不同的正当航线。

**案例19**

关于“损坏”一词的解释。

**案例26**

在明确另一条船不会避让之前，航行权船无需采取行动避让。但是，当航行权船本可以避碰却因碰撞导致损坏时，则必须根据规则14惩罚她。

**案例125**

当一条外侧相联的船需要给予一条或多条内侧船通过障碍物的空间时，所给予的空间必须足够大，大到使所有内侧船都能履行规则第二章的义务。

## 规则44.1，事件发生时的惩罚：解脱

## 规则44.2，事件发生时的惩罚：一圈和二圈解脱

**案例19**

关于“损坏”一词的解释。

**案例99**

须避让的船失去控制这一事实不能对其违反规则第二章免责。当规则14要求航行权船“若合理可行……避免接触”，并且做到此点唯一的办法就是急速顺风换舷时，不进行急速顺风换舷也不违反规则。当根据规则44.1（b），对一条船的惩罚是退出竞赛时，若她这样做了，就不能再取消其资格（不管是她自己的选择还是迫不得已）。

**案例107**

在起航程序中，一条没有保持瞭望的船可能无法合理可行地避免接触。呼喊是船“采取措施避免接触”的办法之一。当一条船违反了规则第二章，造成严重损坏后退出竞赛，她就已经接受了适当的惩罚，不会因该犯规行为被取消资格。

**案例108**

一条船碰标后解脱时无需做一个完整的360°转圈，她可以在绕标的同时完成解脱。如果她的绕标转圈包括一个迎风换舷和一个顺风换舷，并且是在避开其他船且不再

碰标后迅即做的，没有出现因此获利的问题，那么这就可以算作她的解脱。

**案例135**

有关如果一条船因未能避让而违反了规则第二章，航行权船或是第三条船根据规则62.1（b）要求补偿时，抗议委员会所必须做出的裁决的讨论。

**案例141**

短语“严重损坏”中“严重”一词的解释。

## 规则45，拖船上岸；系留；抛锚

**案例5**

在竞赛中抛锚的船仍然是正在竞赛的船。一条船在拉锚绳收锚时回到了她原来抛锚的位置，并不违反规则42.1和45。然而，如果在收锚绳时明显将船推到另一个不同的位置，她就违反了那些规则。

## 规则46，负责人

**案例40**

除非级别规则、竞赛通知或航行细则中另有规定，否则只要不违反规则46，船东或其他负责人可自由决定由谁在竞赛中掌舵。

## 规则49，船员位置；安全护栏

**案例4**

选手可以抓住舷外的缭绳。

**案例36**

与安全护栏有关的船员位置。

**案例83**

选手的躯干探出安全护栏反复地调帆是不被允许的。

## 规则50.1，选手的服装和器材

**案例89**

选手不能穿着或在身上附着盛饮料的容器，帆板或风筝板选手除外。

## 规则55.3，升帆和操帆：操帆

**案例4**

选手可以抓住舷外的缭绳。

**案例97**

允许使用连接到球帆索的球帆侧撑杆。

## 规则56，雾中信号与灯光；分道通航制

**案例109**

只有当航行细则有此说明时，《国际海上避碰规则（IRPCAS）》或政府航行权规则才在竞赛船之间适用，这种情况下它将替代规则第二章的全部规则。可以将某条IRPCAS规则或政府规定，而不是航行权规则包括到竞赛通知、航行细则或赛事执行的其他文件中，以使之适用。

# 第五章　抗议、补偿、审理、品行不端和上诉

## A节　抗议；补偿；规则69的行动

### 规则60，抗议的权利；要求补偿的权利或规则69的行动

**案例1**

在竞赛中违反规则但仍继续竞赛的船可以针对之后的事件提出抗议，即使在竞赛结束后她因违反规则而被判罚。

**案例19**

关于“损坏”一词的解释。

**案例39**

竞赛委员会不必抗议某条船。执行规则的首要责任在选手。

**案例44**

不允许一条船抗议竞赛委员会违反某条规则。但是，如果她试图这样做，她的“抗议”可能会符合请求补偿的要求，在这种情况下，抗议委员会须相应进行处理。

**案例57**

当船东根据规则78.1的要求，诚意递交了时下正当有效的证书时，一轮竞赛或系列赛的最终成绩必须有效，即使该证书后来被撤销。

**案例141**

短语“严重损坏”中“严重”一词的解释。

## 规则61.1，对抗议的要求：通知被抗议人

**案例**19

关于“损坏”一词的解释。

**案例**72

对“旗”一词的讨论。

**案例**85

如果不是规则86.1（c）中列出的竞赛规则，则级别规则不允许更改它。如果某级别规则试图更改这样一条规则，那么该级别规则无效，不适用。

**案例**112

一条在行驶航线过程中犯错但没有改正错误的船，在她到达终点前都不算违反规则28.1。如果一条船犯了这样的错误，第二条船可以在第一条船到达终点前或者到达终点后的第一合理时机告知第一条船她的抗议意图。

**案例**141

短语“严重损坏”中“严重”一词的解释。

## 规则61.2，对抗议的要求：抗议内容

**案例**22

抗议者认为的犯规条款不是抗议委员会之后裁定的犯规条款之一，这与抗议的有效性无关。

## 规则62，补偿

**案例**44

不允许一条船抗议竞赛委员会违反某条规则。但是，

如果她试图这样做，她的“抗议”可能会符合请求补偿的要求，在这种情况下，抗议委员会须相应进行处理。

## 规则62.1，补偿

**案例**31

当个别召回的正确视觉信号发出，但未发出所要求的音响信号时，并且当被召回的船处于能听到音响信号的位置未看到视觉信号时，也就没有返回时，她有权获得补偿。然而，如果她意识到自己处在了起航线的航线一侧，则必须返回并正确起航。

**案例**140

一条船被违反规则第二章的船逼迫越过起航线时，规则是如何适用的。

## 规则62.1（a），补偿

**案例**37

一场赛事的每一轮竞赛都是一场单独的竞赛。在一场多级别的帆船赛中，放弃也许只适用于某些级别而不是所有级别。

**案例**45

当一条船因竞赛委员会的错误未能正确到达终点，但没有一条参与竞赛的船因此获利或失利时，适当且公平的补偿就是按所有船越过终点线的顺序记分。

**案例**68

竞赛委员会未能发现一份评级证书是无效的并不能成为该船要求补偿的理由。一条可能已经违反规则并且继续竞赛的船仍有竞赛规则赋予她的权利，包括规则第二章赋予她的权利，以及抗议和上诉的权利，即使她之后被取消资格。

**案例**82

当终点线布设得几乎与最后一个航段在一条线上，无法根据定义的要求确定哪一边是通过终点线而到达终点的正确路线时，船可以从任一方向越过该线并依此记录她的到达终点顺序。

**案例**119

当一轮竞赛是按评级制进行时，用于计算船的修正时间的评级系数是她进行这一轮竞赛时的评级系数。如果之后评级管理机构按自己的意志改变了她的评级系数，她的分数也不应被改变。

**案例**129

当在一个绕行的标志旁缩短航线时，该标志就变为终点标。规则32.2（a）允许竞赛委员会在终点线的任一侧定位展示S旗的这条船。一条船必须根据到达终点的定义通过终点线，即使在这样做时会导致她离开标志的一侧与不缩短航线时所要求的一侧相反。

## 规则62.1（b），补偿

**案例**19

关于“损坏”一词的解释。

**案例**110

与一条违反规则第二章而受到惩罚的船发生接触而造成有形损坏的船，只有在损坏本身使她的分数或排名明显变差时才有权要求补偿。接触不一定使一条船对另一条船造成受伤或有形损坏。因为一个避让动作而造成的分数或排名变差，本身并不能作为要求补偿的理由。“受伤”是对某人造成身体损伤，规则62.1（b）中的“损坏”限于对一条船或其器材造成的有形损坏。

**案例116**

关于以下情况的补偿讨论：一条船在系列赛初期损坏，损坏造成她无法继续进行余下的竞赛，她根据规则62.1（b）要求补偿。在这种情况下，为了对系列赛中的其他船公平起见，抗议委员会应确保在去掉任何分数后，在她的系列赛成绩中，少于一半的轮次分数是基于平均分的。

**案例135**

有关如果一条船因未能避让而违反了规则第二章，航行权船或是第三条船根据规则62.1（b）要求补偿时，抗议委员会所必须做出的裁决的讨论。

## 规则62.1（c），补偿

**案例20**

当一条船可能有危险时，另一条向其提供援助的船有权利要求补偿。即使她没有被请求这样做或者是后来发现危险并不存在。

## 案例62.1（d），补偿

**案例34**

妨碍另一条船可能会违反规则2，并且成为给予补偿和根据规则69.2采取行动的依据。

## 规则62.2，补偿

### 案例102

一条船针对影响自己某一轮乃至系列赛成绩的一个事件要求补偿时，要求补偿的时间限制为该轮竞赛的时间限制，而不是基于系列赛成绩贴出来的时间限制。

# B节　审理和裁决

## 规则63.1，审理：审理的要求

### 案例1

在竞赛中违反规则但仍继续竞赛的船可以针对之后的事件提出抗议，即使在竞赛结束后她因违反规则而被判罚。

## 规则63.2，审理：审理的时间和地点；各方准备的时间

### 案例48

竞赛规则第五章的目的是保护船不会受到不公正的对待，而不是为被抗议者提供可钻的空子。被抗议者有责任在审理前采取合理的行动来保护自己。

### 案例49

当两个抗议出自同一事件或紧密相连的事件时，应在涉及的全部船只代表都出席的情况下合并审理。

## 规则63.3，审理：出席的权利

### 案例49

当两个抗议出自同一事件或紧密相连的事件时，应在

涉及的全部船只代表都出席的情况下合并审理。

## 规则63.4，审理：利益冲突

**案例137**

在决定利益冲突是否明显时，抗议委员会应该考虑冲突的程度、赛事的等级和对公平性的整体预期。

## 规则63.5，审理：抗议或补偿要求的有效性

**案例19**

关于“损坏”一词的解释。

**案例22**

抗议者认为的犯规条款不是抗议委员会之后裁定的犯规条款之一，这与抗议的有效性无关。

**案例141**

短语“严重损坏”中“严重”一词的解释。

## 规则63.6，审理：取证和认定事实

**案例104**

有时候，尝试把抗议委员会的调查结果按事实和结论区分开是很难的，因为调查结果可能部分建立在事实上，部分建立在结论上。国家和地区管理机构可以改变抗议委员会的裁决和涉及推理或判断的其他调查结果，但不能改变有关事实的调查结果。国家和地区管理机构也可以通过逻辑推理获得其他额外事实。文字事实和图表事实间无优先之分。如果国家和地区管理机构有要求，抗议委员会必须解决事实间的冲突。

**案例136**

在认定事实时，抗议委员会会受到证据权重的约束。通常，观察起航线的竞赛委员会成员的位置要比任何参赛船更能看清楚某船是否在起航信号时抢航，以及其是否返回起航准备区一侧并起航。

## 规则63.7，审理：规则间的冲突

**案例98**

定义规则中列出的规则对于执行《帆船竞赛规则》的所有竞赛都适用，不管竞赛通知是否清楚阐明要执行这些规则。竞赛通知或航行细则中的某条规则可以更改国家和地区管理机构的部分或全部规定，前提是要与规则88.2中的规定相一致。通常情况下，竞赛通知不可以更改级别规则。当一条船按照让分制或评级制方法进行竞赛时，该方法中的规则适用，其部分或全部级别规则也可以适用。当竞赛通知与航行细则冲突时，两者都不具有优先权。

## 规则64.1（c），裁决：证据的标准，多数人的决定和请求的重新分类

**案例44**

不允许一条船抗议竞赛委员会违反某条规则。但是，如果她试图这样做，她的“抗议”可能会符合请求补偿的要求，在这种情况下，抗议委员会须相应地进行处理。

## 规则64.2，裁决：惩罚

**案例**1

在竞赛中违反规则但仍继续竞赛的船可以针对之后的事件提出抗议，即使在竞赛结束后她因违反规则而被判罚。

**案例**22

抗议者认为的犯规条款不是抗议委员会之后裁定的犯规条款之一，这与抗议的有效性无关。

**案例**26

在明确另一条船不会避让之前，航行权船无需采取行动避让。但是，当航行权船本可以避碰却因碰撞导致损坏时，则必须根据规则14惩罚她。

## 规则64.2（a），裁决：惩罚

**案例**99

须避让的船失去控制这一事实不能对其违反规则第二章免责。当规则14要求航行权船“若合理可行……避免接触”，并且做到此点唯一的办法就是急速顺风换舷时，不进行急速顺风换舷也不违反规则。当根据规则44.1（b），对一条船的惩罚是退出竞赛时，若她这样做了，就不能再取消其资格（不管是她自己的选择还是迫不得已）。

**案例**107

在起航程序中，一条没有保持瞭望的船可能无法合理可行地避免接触。呼喊是船“采取措施避免接触”的办法之一。当一条船违反了规则第二章，造成严重损坏后退出竞赛，她就已经接受了适当的惩罚，不会因该犯规行为被取消资格。

## 规则64.3，裁决：补偿的决定

**案例**31

当个别召回的正确视觉信号发出，但未发出所要求的音响信号时，并且当被召回的船处于能听到音响信号的位置未看到视觉信号时，也就没有返回时，她有权获得补偿。然而，如果她意识到自己处在了起航线的航线一侧，则必须返回并正确起航。

**案例**45

当一条船因竞赛委员会的错误未能正确到达终点，但没有一条参与竞赛的船因此获利或失利时，适当且公平的补偿就是按所有船越过终点线的顺序记分。

**案例**116

关于以下情况的补偿讨论：一条船在系列赛初期损坏，损坏造成她无法继续进行余下的竞赛，她根据规则62.1（b）要求补偿。在这种情况下，为了对系列赛中的其他船公平起见，抗议委员会应确保在去掉任何分数后，在她的系列赛成绩中，少于一半的轮次分数是基于平均分的。

## 规则64.3（a），裁决：涉及级别规则抗议的裁决

**案例**19

关于“损坏”一词的解释。

## 规则66，重新审理

**案例115**

规则66中用到的“新”一词的解释。

# C节　品行不端

## 规则69，品行不端

**案例138**

通常，选手直接影响赛事公平的行为，或选手意识到违反了规则但未接受相应的惩罚，就应该考虑规则2。抗议委员会认为某行为，包括严重违反规则2或其他规则，构成了品行不端，就应该考虑规则69。

## 规则69.1（a），品行不端：不做品行不端的事的义务；解决方法

**案例78**

无论是统一设计级或是采用某种让分制或评级制的群发赛，一条船可以采用战术来明显干扰或阻碍另一条船的比赛进程，前提是她若被以规则2抗议，抗议委员会能确定她所使用的战术确实有机会使自己在赛事中的最后排名受益，或使自己有机会获得另一项赛事或其国家队的选拔出线权。但是，如果她在使用这些战术时有意违反规则，她就违反了规则2，可能还有规则69.1（a）。

## 规则69.2，品行不端：抗议委员会的行动

**案例34**

妨碍另一条船可能会违反规则2，并且成为给予补偿和根据规则69.2采取行动的依据。

**案例65**

当一条船意识到自己已经违反了黑旗规则时，她有义务迅即退出竞赛。如果她没有这样做，之后在本轮竞赛中有意妨碍另一条船，她就构成严重违反体育道德和规则2，她的舵手构成品行不端。

**案例67**

当正在竞赛的船与不参加竞赛的船舶相遇时，两者都受政府航行权规则约束。根据这些规则，需避让的竞赛船却有意碰触另一条船时，她的舵手就构成了品行不端。

**案例122**

术语"完全满意"的解释及应用举例。

**案例139**

举例说明了根据规则69.2（j）（3），何时将规则69的事件报送给国家和地区管理机构或世界帆联报告是"合理"的。

# D节　上诉

## 规则70，上诉和对国家和地区管理机构的请求

**案例104**

有时候，尝试把抗议委员会的调查结果按事实和结论

区分开是很难的，因为调查结果可能部分建立在事实上，部分建立在结论上。国家和地区管理机构可以改变抗议委员会的裁决和涉及推理或判断的其他调查结果，但不能改变有关事实的调查结果。国家和地区管理机构也可以通过逻辑推理获得其他额外事实。文字事实和图表事实间无优先之分。如果国家和地区管理机构有要求，抗议委员会必须解决事实间的冲突。

**案例 143**

若赛事的组织机构不是规则 89.1 中所规定的组织，那么审理的一方无权进入上诉程序。

## 规则 71.4，国家和地区管理机构的裁决

**案例 61**

当抗议委员会的裁决经上诉后被更改或推翻时，最终名次和奖励必须做出相应调整。

# 第六章　报名与资格

## 规则75，赛事报名

**案例40**

除非级别规则、竞赛通知或航行细则中另有规定，否则只要不违反规则46，船东或其他负责人可自由决定由谁在竞赛中掌舵。

**案例143**

若赛事的组织机构不是规则89.1中所规定的组织，那么审理的一方无权进入上诉程序。

## 规则78，遵守级别规则；证书

**案例57**

当船东根据规则78.1的要求，诚意递交了时下正当有效的证书时，一轮竞赛或系列赛的最终成绩必须有效，即使该证书之后被撤销。

**案例131**

在一场赛事最后一个竞赛日起航前，一条船因未能提供所需的证书或不能证明它的存在而违反规则78.2时，无须审理，竞赛委员会需要将她参加本赛事的所有轮次记为“DSQ”。

# 第七章　竞赛组织

## 规则 85，规则的更改

**案例** 121

详细描述了要更改某条竞赛规则所必须遵守的程序。

## 规则 86，竞赛规则的更改

**案例** 32

选手有权仅查看竞赛通知或书面航行细则，以了解与行驶航线有关的所有细节。

**案例** 85

如果不是规则 86.1（c）中列出的竞赛规则，则级别规则不允许更改它。如果某级别规则试图更改这样一条规则，那么该级别规则无效，不适用。

**案例** 121

详细描述了要更改某条竞赛规则所必须遵守的程序。

## 规则 87，级别规则的更改

**案例** 98

定义规则中列出的规则对于执行《帆船竞赛规则》的所有竞赛都适用，不管竞赛通知是否清楚阐明要执行这些规则。竞赛通知或航行细则中的某条规则可以更改国家和地区管理机构的部分或全部规定，前提是要与规则 88.2 中的规定相一致。通常情况下，竞赛通知不可以更改级别规则。当一条船按照让分制或评级制方法进行竞赛时，该方法中的规则适用，其部分或全部级别规则也可以适用。当竞赛通知与航行细则冲突时，两者都不具有优先权。

## 规则88.2，国家和地区规定：规定的更改

**案例**98

定义规则中列出的规则对于执行《帆船竞赛规则》的所有竞赛都适用，不管竞赛通知是否清楚阐明要执行这些规则。竞赛通知或航行细则中的某条规则可以更改国家和地区管理机构的部分或全部规定，前提是要与规则88.2中的规定相一致。通常情况下，竞赛通知不可以更改级别规则。当一条船按照让分制或评级制方法进行竞赛时，该方法中的规则适用，其部分或全部级别规则也可以适用。当竞赛通知与航行细则冲突时，两者都不具有优先权。

## 规则89.1，组织机构；竞赛通知；竞赛官员的任命：组织机构

**案例**143

若赛事的组织机构不是规则89.1中所规定的组织，那么审理的一方无权进入上诉程序。

## 规则90，竞赛委员会；航行细则；计分

**案例**61

当抗议委员会的裁决经上诉后被更改或推翻时，最终名次和奖励必须做出相应调整。

## 规则90.2（c），竞赛委员会；航行细则；计分：航行细则

**案例**32

选手有权仅查看竞赛通知或书面航行细则，以了解与行驶航线有关的所有细节。

# 附录A　计分

## 规则A3，起航时间和到达终点的名次

**案例**119

当一轮竞赛是按评级制进行时，用于计算船的修正时间的评级系数是她进行这一轮竞赛时的评级系数。如果之后评级管理机构按自己的意志改变了她的评级系数，她的分数也不应被改变。

## 规则A4，计分方法

**案例**128

如果竞赛委员会观察到一条船在行驶航线时违反了规则28.1，并且没有改正此错误，则需要将其计分为NSC。如果竞赛委员会观察到一条船在到达终点时碰标了，则必须按照她到达终点的名次计分，可以抗议她违反了规则31。

## 规则A5，竞赛委员会决定的计分

**案例**28

当一条船因违反规则而造成另外一条船碰标时，这条碰标的船可以免责。无论出于何种原因，起点标志已经移

动这一事实不能免除一条船起航的义务。只有当标位的移动直接影响到竞赛安全或公平时，竞赛委员会才可以根据规则32.1（c）放弃竞赛。

**案例128**

如果竞赛委员会观察到一条船在行驶航线时违反了规则28.1，并且没有改正此错误，则需要将其计分为NSC。如果竞赛委员会观察到一条船在到达终点时碰标了，则必须按照她到达终点的名次计分，可以抗议她违反了规则31。

**案例131**

在一场赛事最后一个竞赛日起航前，一条船因未能提供所需的证书或不能证明它的存在而违反规则78.2时，无须审理，竞赛委员会需要将她参加本赛事的所有轮次记为“DSQ”。

## 规则A9，补偿指南

**案例116**

关于以下情况的补偿讨论：一条船在系列赛初期被损坏，造成无法继续进行余下的竞赛，她根据规则62.1（b）要求补偿。在这种情况下，为了对系列赛中的其他船公平起见，抗议委员会应确保在去掉任何分数后，在她的系列赛成绩中，少于一半的轮次分数是基于平均分的。

# 附录J　竞赛通知和航行细则

## 规则J1：竞赛通知的内容

## 规则J2：航行细则的内容

**案例98**

定义规则中列出的规则对于执行《帆船竞赛规则》的所有竞赛都适用，不管竞赛通知是否清楚阐明要执行这些规则。竞赛通知或航行细则中的某条规则可以更改国家和地区管理机构的部分或全部规定，前提是要与规则88.2中的规定相一致。通常情况下，竞赛通知不可以更改级别规则。当一条船按照让分制或评级制方法进行竞赛时，该方法中的规则适用，其部分或全部级别规则也可以适用。当竞赛通知与航行细则冲突时，两者都不具有优先权。

**案例121**

详细描述了要更改某条竞赛规则所必须遵守的程序。

# 附录R　上诉和申请程序

## 规则R5，事实不足；重新审理

**案例104**

有时候，尝试把抗议委员会的调查结果按事实和结论区分开是很难的，因为调查结果可能部分建立在事实上，部分建立在结论上。国家和地区管理机构可以改变抗议委员会的裁决和涉及推理或判断的其他调查结果，但不能改变有关事实的调查结果。国家和地区管理机构也可以通过逻辑推理获得其他额外事实。文字事实和图表事实间无优先之分。如果国家和地区管理机构有要求，抗议委员会必须解决事实间的冲突。

# 竞赛信号

## 竞赛信号：召回信号，X旗

**案例31**

当个别召回的正确视觉信号发出，但未发出所要求的音响信号时，并且当被召回的船处于能听到音响信号的位置未看到视觉信号时，也就没有返回时，她有权获得补偿。然而，如果她意识到自己处在了起航线的航线一侧，则必须返回并正确起航。

# 《国际海上避碰规则（IRPCAS）》

**案例38**

《国际海上避碰规则（IRPCAS）》的目的是通过防止可能导致碰撞的情况发生来确保海上船舶的安全。当IRPCAS的航行权规则代替规则第二章时，它们有效防止了航行权船靠近有义务避让的船只时向那些船改变航线。

**案例109**

只有当航行细则有此说明时，《国际海上避碰规则（IRPCAS）》或政府航行权规则才在竞赛船之间适用，这种情况下它将替代规则第二章的全部规则。可以将某条IRPCAS规则或政府规定，而不是航行权规则包括到竞赛通知、航行细则或赛事执行的其他文件中，以使之适用。

# 第二部分
# 案　例

## 案例1

### 规则60.1，抗议的权利，要求补偿的权利或规则69的行动

### 规则63.1，审理：审理的要求

### 规则64.2，裁决：惩罚

*在竞赛中违反规则但仍继续竞赛的船可以针对之后的事件提出抗议，即使在竞赛结束后她因违反规则而被判罚。*

**事实**

A、B与C正在与其他船竞赛。A与B之间的事件发生后，A呼喊“抗议”并展示她的抗议旗，但B并未做解脱。后来，B在第二次事件后抗议了第三条船，C。抗议委员会审理了A对B的抗议并且判罚了B。

**问题**

该判罚会使B对C的抗议无效吗？

**答案**

不会。当一条船在涉嫌违反规则后继续竞赛时，规则赋予她的权利和义务并没有改变。所以，即使A对B的抗议成立，抗议委员会也必须审理B对C的抗议，并且，如果B的抗议有效，抗议委员会从证据中确定C违反了规则，就必须判罚C。

GBR 1962/25

# 案例2

## 规则12，同舷风、不相联

## 规则14，避免接触

## 规则15，获取航行权

## 规则18.2（a），绕标空间：给予绕标空间

## 规则18.2（b），绕标空间：给予绕标空间

## 规则43.1（c），免责

*如果两船中第一条到达标区的船在到达标区时明显在后，并且，如果之后另一条船到达标区时两船相联了，规则18.2（a）适用，规则18.2（b）不适用。只有当船相联且其中至少有一条船在标区内时，规则18.2（a）才适用。*

**事实**

同为左舷受风的A与B侧顺风驶向需右舷绕标的标志。风力弱。在位置1，当A到达与标志齐平位置时，她明显在前于B，但距离标志4.5倍船长。B这时恰好抵达标区，距离标志3倍船长。在位置1与2之间，A顺风换舷并驶向标志，在B的外侧与之相联。在位置2与3之间，B顺风换舷并转向下一标志后，她变成明显在前于A。当B一开始变成明显在前于A时，两船间有1.5倍船长的自由水域。B变成明显在前几秒钟后，快速行进的A碰到了B的船尾。没有损坏或者损伤。A根据规则18.2（b）抗议B。B根据规则12抗议A。A被取消资格，A上诉。

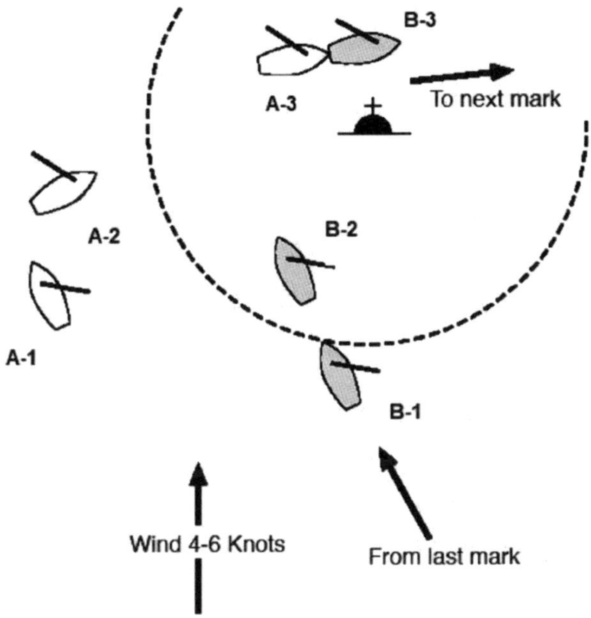


**裁决**

看来，A相信两船在位置1时规则18.2（b）的第二句话适用，那么明显在后的B有义务避让A。如那句话所述，只有在船到达标区时为明显在前，该规则才适用。在位置1，B已经到达了标区，但A却远在标区之外。进一步说，规则18.2（b）的第一句话从未适用过，因为当B首先到达标区时两船并不相联。然而当两船相联时，规则18.2（a）适用，它要求A给予B绕标空间。在此期间，B必须避让A，开始时要遵守规则10，其后（在她顺风换舷后）要遵守规则11。

B顺风换舷后，脱开相联成为明显在前的船。此时，规则18.2（a）和11停止适用，规则12和15开始适用。规则15要求B在开始时给予A避让的空间，B做到了这点，因为在B变成明显在前后，A只要迅即地稍做顺风偏转，便可以轻易地避开B的船尾。当A碰到B的船尾时，很明显她没有在避让B，所以A因违反规则12被取消资格是正确的。A还违反了规则14，因为她稍做顺风偏转就能避免与B接触。

当A不会去避让B的情况清晰后，B可能已经无法避免接触了。然而，即使B有可能避免接触，也可以根据规则43.1（c）对其免责，因为她是航行权船，且接触没有造成损坏和损伤。

上诉被驳回，维持抗议委员会的裁决，保留A因违反规则12与规则14的取消资格。

USA 1962/87

# 案例3

## 规则19.2（a），通过障碍物的空间：在障碍物旁给予空间

## 规则20，障碍物旁迎风换舷的空间

## 规则43.1（a），免责

*面对驶来的作为障碍物的右舷船时，呼喊迎风换舷空间的下风左舷船不必预计上风船将不履行她迅即迎风换舷或用其他方式给予空间的义务。*

**事实**

当两船以相撞的航线驶向对方时，S呼喊PL。然后PL两次呼喊“迎风换舷空间”，但PW没有回应。此时，已无法避让S的PL第三次呼喊，然后PW开始迎风换舷。这时距PL不超过3英尺（1米）的S不得不进行急剧的顺风偏转去避碰。PW退出竞赛，S根据规则10抗议PL。抗议委员会取

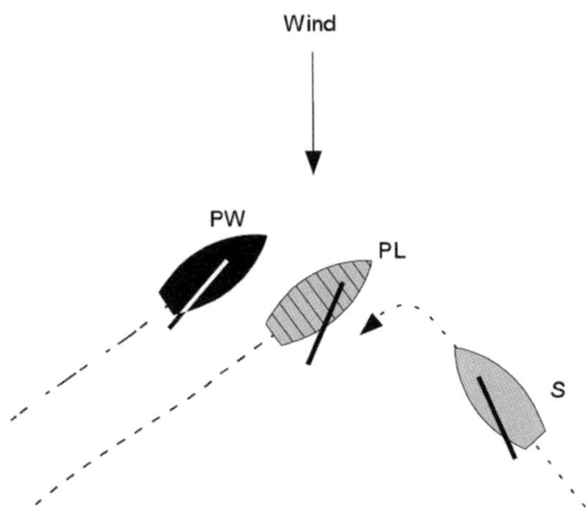

消了PL的资格，指出在没有得到PW及时回应时，她应该使用她的权利迎风偏转并迫使PW迎风换舷。

PL上诉，指出：

（1）她没有权利迫使PW换至另一舷风。

（2）即使她们两船都到达正顶风，S仍需改变航线以避碰；并且

（3）她已经预测到了情况的发展趋势并且在充足的时间内呼喊了PW。

**裁决**

PL胜诉。恢复PL的原成绩。因为S对PL和PW来讲是障碍物，作为航行权船的PL有权根据规则19.2（a）在顺风偏转和呼喊迎风换舷空间之间做出选择（参见规则20.1）。决定迎风换舷的她为此呼喊了3次迎风换舷空间，PL有理由根据规则20.2（b）和20.2（c）期待PW做出回应并给予她迎风换舷的空间。她没有义务预测PW会违反规则20.2（b）和20.2（c）。PL违反了规则10，但根据规则43.1（a）被免责，因为她是另一条船违反规则的无辜牺牲品。

GBR 1962/37

# 案例4

## 规则49，船员位置；安全护栏

## 规则55.3（a），升帆和操帆：操帆

*选手可以抓住舷外的缭绳。*

**问题**

是否允许选手抓住前帆或球帆在舷外的缭绳？

**答案**

规则55.3指出“若帆缭越过或穿过某一点对缭绳或帆后角施加向外张力的装置来操帆……就不允许。”人身体任一部分都不是“装置”。所以只要不违反规则49，选手是可以抓住舷外缭绳的。

GBR 1962/41

# 案例5

## 定义，竞赛

## 规则22，倾覆、抛锚或搁浅；救援

## 规则42.1，推进：基本规则

## 规则45，拖船上岸；系留；抛锚

*在竞赛中抛锚的船仍然是正在竞赛的船。一条船在拉锚绳收锚时回到了她原来抛锚的位置，并不违反规则42.1和45。然而，如果在收锚绳时明显将船推到另一个不同的位置，她就违反了那些规则。*

**事实**

在第一航段是顶流驶向上风的迎风航段的竞赛中，风很小，有些船在起航线或其附近抛锚以防止水流将她们冲向下风。当风力增强或水流减退时，这些船起锚并开始航行。

**问题1**

下了锚的船是规则第四章前言中术语所说的仍在“竞赛”的船吗？

**答案1**

是的，规则第四章前言中“竞赛”一词是粗斜体字，所以，它要按定义中所述意义使用（参见规则导言中的术语）。竞赛的定义没有提及抛锚的、搁浅的、倾覆的或在竞赛中不向前行进的其他情况的船，所以抛锚的船仍然是正在“竞赛”的船，也就是说，她们受规则22的保护并受竞赛规则的约束，包括规则42.1和45。

**问题2**

一条船需要在起锚之前驶到锚位上方的某一点吗？或者说，即使收锚绳的动作会导致船相对水或水底被推进时，她可以起锚吗？

**答案2**

规则45中所允许的动作是规则42.1的例外。规则45允许船抛锚。用正常的航行操作去抛锚时，锚触底后必须再放出一些锚绳。规则45要求船在继续竞赛前起锚，除非无法做到。要收锚，首先需要把多余的锚绳拉起来，那个动作会让船移动到锚上方的某一点。因为规则45允许此动作，所以这样做并不违反规则42.1。

然而，如果用力或快速地拉这部分多余的锚绳，以至于锚被提离水底后，该船被明显的推到了另外与原先下锚的位置不同的位置，她在收起锚之前就已经在继续竞赛了，她的这个动作就违反了规则42.1和45。

世界帆联修订于2012年

# 案例6

## 规则16.1，改变航线

## 规则16.2，改变航线

*当左舷船已经顺偏要从右舷船尾部通过后，该右舷船迎风换舷并不一定违反规则。*

**事实**

P在位置1与2之间顺偏以从S船尾通过。过了一会，S决定迎风换舷。P在离开近迎风航线行驶了约一倍船长后，重新回到了近迎风航线上，损失了一倍船长的迎风高度并在S上风约一倍船长处通过。S迎风换舷后，P迎偏到近迎风航线的动作并不是避让S所需要的。P根据规则16.1抗议S。P指出，当她已经顺偏以从S船尾通过后，S做了迎风换舷，S未给予P避让的空间，抗议委员会根据规则16.1取消了S的资格。S上诉。

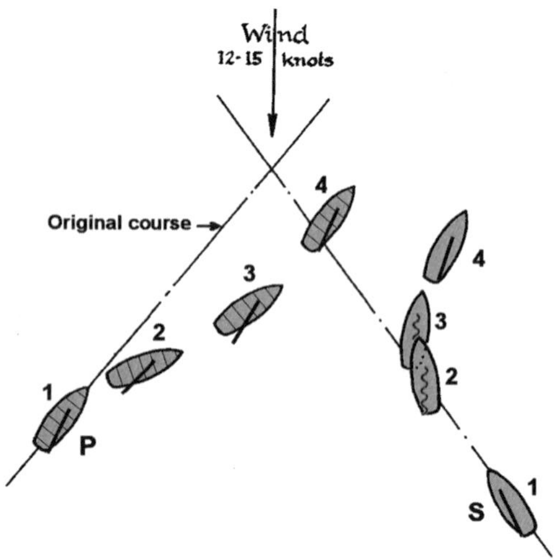

**裁决**

S胜诉，恢复了她的成绩。S只有在从右舷近迎风航线迎偏至正顶风时才受规则16的限制。那时，P拥有避让的空间，所以S没有违反规则16.1。规则16.2不适用，因为只有船在S的位置顺偏时，此规则才适用。此例中，S迎偏了。根据规则13，S越过正顶风的那一刻，P变成了航行权船，规则16.1对S不再适用。S按照规则13的要求避让了P。S没有违反任何规则。

USA 1963/93

# 案例7

## 规则11，同舷风、相联

## 规则14，避免接触

## 规则15，获取航行权

## 规则16.1，改变航线

## 规则17，同舷风；正当航线

## 规则43.1（c），免责

*当已经是明显在后的船，在与另一条船的距离为自身船长两倍之内变成下风相联时，上风船必须避让，但下风船必须在相联开始时就给予上风船避让的空间并不得高于其正当航线行驶。上风船的正当航线与此无关。*

**事实**

L与W都是15英尺（4.5米）长的小帆船，在距标志200码（200米）处，L从明显在后与W变成下风相联。L与W间的距离小于自身2倍船长。然后两船保持约1.5倍船长间距相伴行驶至距标80码（80米）处。此时，L缓慢地迎偏，直接驶向标志，该迎偏未影响到W。W保持稳定的航线行驶。L从未变为明显在前。W的帆杆碰到了L的侧支索，没有造成损坏与受伤，L根据规则11提出抗议。L的抗议被驳回并被取消资格，理由是她没有按照规则15的要求给予W充足空间以使W履行避让义务。L上诉。

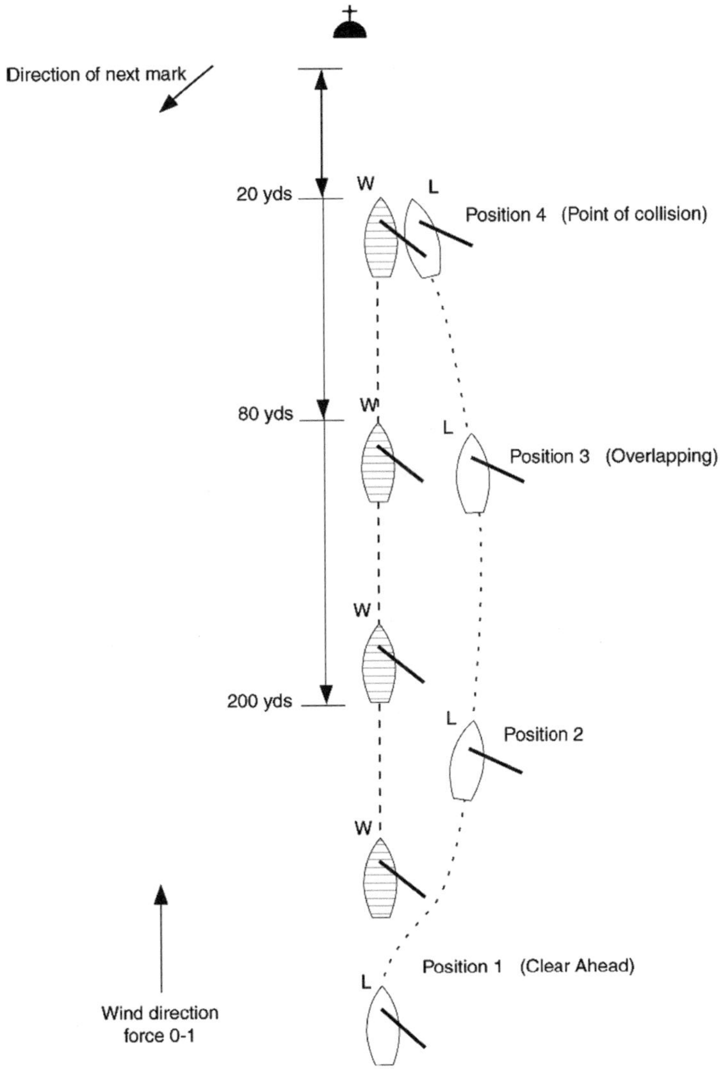


## 裁决

L胜诉。当L从明显在后变成与W下风相联时，规则11要求W避让L。与此同时，规则15要求L给予W避让的空间，但是该义务不是持续的，在发生接触时，相联已经存在了相当长的一段时间，在此期间W必然拥有避让的空间。

规则17适用于L，因为如图所示，她在变成相联前已经为明显在后，并且在相联开始时，L与W间的距离为自身2倍船长之内。只要L不高于其正当航线行驶，L改变航线直接驶向标志就是正当的。L的正当航线是确定其是否违反规则17的标准；W的正当航线与此无关。根据达成共识的示意图，L从未高于其正当航线行驶。所以，L没有违反规则17。

刚过位置3后，L做了轻微的迎风偏转。显然，W有空间进行避让，所以，L没有违反规则16.1。L违反了规则14，因为她可以避免与W接触，但因没有损坏与受伤，根据规则43.1（c）对其免责。

根据规则11和14取消W的资格，L被恢复成绩。

*（注：该图没有完全按比例画，所示的距离是与下一标的大致距离。在发生接触时，两船都未到达标区。）*

GBR 1963/10

# 案例8

## 规则42.1，推进：基本规则

## 规则42.2（d），推进：禁止的行为

*利用在旁边通过的一条船产生的一系列波浪，为了调整船位以从每个过浪中获取速度，针对每个浪的舵的反复运动并不是摇舵，除非这些动作是很用力的，并且，利用水的作用来增加船速是被允许的。*

**事实**

两条小帆船A和B在8节风中以船体速度（译者注："船体速度"是船舶工程中的专业术语，描述船体在起滑前处于临界状态时的船速，此时船体兴波的波长正好与船体水线长一致）横风行驶在非滑行状态下。一条大型动力休闲船在下风处以平行的航线高速驶过，产生了几个大浪。每个浪到达A的后部船体时，舵手就根据这个浪通过船底的时间，在没有过度用力的情况下移动舵柄，进行了一系列有节奏的航线改变。A针对每个浪都重复了该动作，且每次都获得了增速。B根据规则42.2（d）抗议A摇舵。抗议委员会取消了A的资格，A上诉。

**裁决**

A胜诉。恢复她的成绩。

舵柄的运动尽管是反复的，但不是大力的。速度增益不是舵柄运动的直接结果，而是通过控制船在浪中的位置，利用波浪运动的结果，这是符合规则42.1要求的。为此，

舵手可以用自认为最好的方式移动舵柄，只要该舵柄的运动不违反规则42.2（d）就行。

USA 1962/91

# 案例9

## 定义，正当航线

## 规则10，相对舷风

## 规则18.1（a），绕标空间：规则18适用时

## 规则18.1（b），绕标空间：规则18适用时

*当右舷船选择通过上风标时，左舷船必须避让。没有规则要求船要按其正当航线行驶。*

**问题**

两条相对舷风近迎风行驶的船在右舷绕标的上风标处相遇。在当时的风与流的条件下，S有足够的空间迎风换舷并绕过标志，但S没有这样做，而是保持航线，意在迫使P迎风换舷避让。如果P认为S的航行超过了其正当航线并且已经有了足够的绕标空间，P可以无视规则10吗？

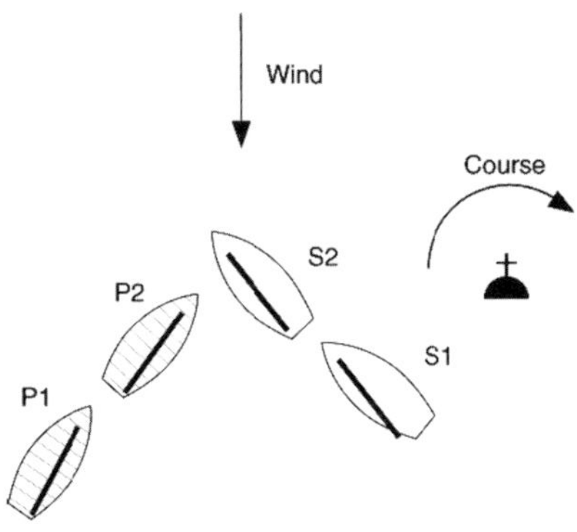


**答案**

不可以；规则10适用。如果两船处于规则18.1（a）、（b）、（c）、（d）描述的四种情况之一，则规则18不适用。

规则18.1（a）和18.1（b）都适用于S和P。两船为相对舷风，处于驶向上风的迎风航段上（参见案例132）。另外，S的正当航线是迎风换舷，而P不是。当S选择保持航线时，P必须避让。尽管在某些特定情况下，禁止船高于其正当航线行驶，但没有规则要求船要按其正当航线行驶。

GBR 1964/2；世界帆联修订于2021

# 案例10

## 规则20，障碍物旁迎风换舷的空间

*如果一条既没有接近障碍物也没有以近迎风或高于近迎风行驶的船呼喊了迎风换舷的空间，则她违反了规则20.1。被呼喊的船必须做出回应，即使该呼喊违反了规则20.1。*

**问题1的事实**

L与W是行驶在近迎风航线上的右舷船。L与正在竞赛的、近迎风左舷行驶的P处在碰撞航线上。L向W呼喊迎风换舷的空间；W做出了回应并提出抗议。

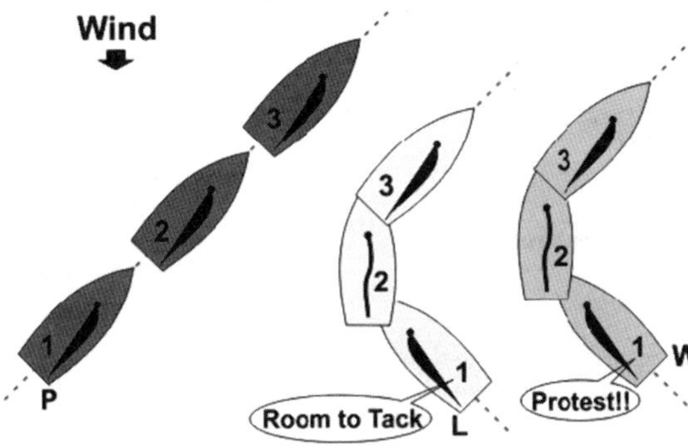


**问题1**

这种情况下，如何运用规则20？

**答案1**

虽然L与P有相撞的危险，P对L与W来说不是障碍物，因为L与W都不需要避让她。

当L呼喊迎风换舷空间的时候，她并不是正在接近障碍物，她违反了规则20.1（a）。

规则20.2（b）要求W对L的呼喊做出回应，即使该呼喊不符合规则20.1的要求。所以，W必须尽可能快地迎风换舷，或者呼喊“你迎风换舷”，然后给予L迎风换舷避让她的空间。当W做出回应时，L必须尽快地迎风换舷。W通过迎风换舷做出了回应，她没有犯规。

**问题2的事实**

L与W沿起航线以左舷横风行驶。L与正以右舷近迎风接近起航线的S处于碰撞航线上。L向W呼喊迎风换舷的空间。W做出了回应并提出抗议。

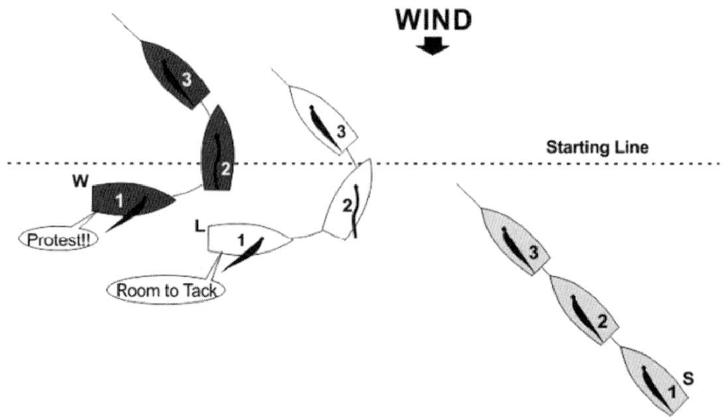


**问题2**

这种情况下，如何运用规则20？

**答案2**

S对W与L来说都是障碍物。

当L呼喊迎风换舷空间的时候，她正在接近障碍物，需要做出明显的航线改变来避让它。然而，因她没行驶在近迎风航线或高于近迎风航线上，她违反了规则20.1（b）。

正如答案1所述，规则20.2（b）要求W对呼喊做出回应，即使该呼喊不符合规则20.1的要求。所以，W必须尽可能快地迎风换舷，或者呼喊“你迎风换舷”，然后给予L迎风换舷避让她的空间。W通过迎风换舷做出了回应，没有犯规。如果L没有迎风换舷，比如她从S的船尾通过，她就违反了规则20.2（d）。

GBR 2016/1

# 案例11

## 定义，障碍物

## 规则14，避免接触

## 规则19.2（b），通过障碍物的空间：在障碍物旁给予空间

## 规则20.1，障碍物旁迎风换舷的空间：呼喊

## 规则43，免责

*当船在障碍物旁相联，包括在被视为障碍物的一条权力船旁相联时，外侧船必须给予内侧船从她与障碍物间通过的空间。*

**事实**

PW与PL在迎风航段上以左舷近迎风相联驶近S。PL可以从S船尾安全通过。PW行驶在与S相撞的航线上，在PW与PL距离S三倍船长时，PW向PL呼喊从S船尾通过的空间。PL忽视该呼喊并保持原航线行驶。当PW顺偏躲避S时，她与PL发生了船舷间的轻微接触，没有造成损坏和受伤。PW根据规则19.2（b）提出抗议。

抗议委员会认为规则19.2（b）不适用，认为PW可以简单地迎风换舷转向上风的开阔水域来避让，而且她本就应这样做。根据规则11，PW被取消资格，PW上诉。

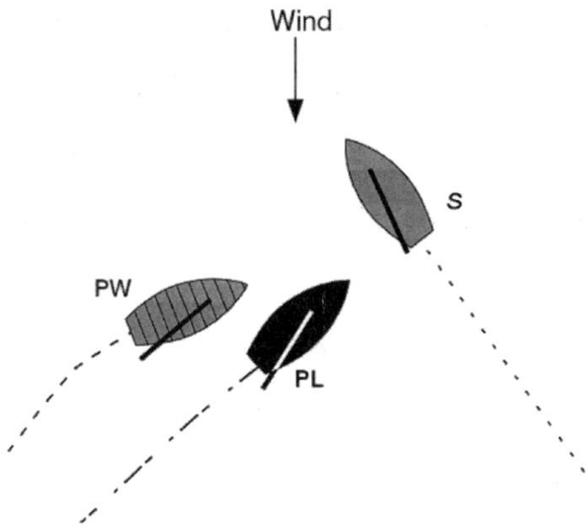


**裁决**

如果PW与PL直接驶向S，在距离S一倍船长时，她俩都需要明显改变航线以避让，并且规则10也要求她们避让S（参见障碍物的定义），所以，S对PL与PW来说是障碍物。根据规则19.2（a），航行权船PL有权从S的任意一侧通过。她选择了从S下风通过。所以，根据规则19.2（b），PW有权要求从PL与S船尾间通过的空间。PL没有给予PW那个空间，所以PL违反了规则19.2（b）。PL受规则14的制约，但是，因为她对PW有航行权，并且没有发生损坏与受伤，根据规则43.1（c），她违反规则14的行为被免责。

即使PW不曾呼喊空间，也理应如此。

PW在着手从S和PL之间通过之前，不可能知道PL不会给予其足够的空间。PW违反了规则11，但是，因为她航行在有权根据规则19.2（b）要求的空间内，所以根据规则43.1（b）对她免责。

当PL不会给予空间这一情况变得明确时，PW已经不可能避免接触的发生，所以，PW并未违反规则14。

PW不必“迎风换舷转入上风的开阔水域避让”，因为PL未根据规则20.1呼喊迎风换舷躲避S的空间。如果PL呼喊了，根据规则20.2（b）和20.2（c）的要求，PW需要做出回应，即使规则20.1（a）禁止PL做此呼喊，因为她并非必须要改变航线去躲避S。

PW胜诉。抗议委员会关于取消PW资格的裁决被撤销。恢复PW原成绩，根据规则19.2（b）取消PL的资格。（参见案例125关于类似情况的讨论。）

GBR 1964/18

# 案例12

## 定义，明显在后与明显在前；相联

## 规则11，同舷风、相联

## 规则18.1，绕标空间：规则18适用时

## 规则18.2（b），绕标空间：给予绕标空间

## 规则43，免责

*当根据规则18.2（b）确定内侧船的绕标空间权利时，只要其中第一条船到达标区时相联是存在的，船之间的航线差别很大也是没有关系的。*

**事实**

OL与IW正驶近一个以右舷绕标的标志。风力较弱并且有2节的顺风流。为抵抗水流的作用而跑高的IW几乎是顺风抵达标志。而另一方面，处于下风的OL在距离标志三倍船长的位置1处近迎风顶流缓慢航行。IW两次呼喊要求水域，而OL则两次回答“你不能进来”。在刚过图中位置4、IW迎偏开始绕标的最后时刻，OL试图给予其空间，但是两船发生了接触。没有造成损坏与受伤。

OL根据规则11提出抗议，却被依据规则18.2（b）取消了资格。OL上诉，指出将两条航向相差90°的船看作相联不符合逻辑，并且超出了定义“明显在后与明显在前；相联”和规则18的本义。她还强调，规则18的目的是保护无法从外侧船尾部通过的、有碰标危险的船。她进一步辩解说，在IW驶抵标志直到最后要迎偏的过程中，她可以很

容易地从OL船尾通过，而且直到接触前的时刻，IW都不是“内侧”船。

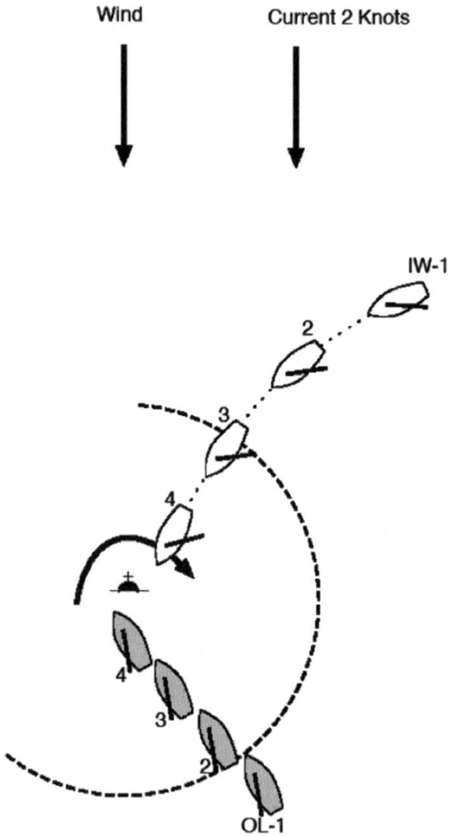


**裁决**

OL的上诉被驳回，确定对她取消资格。

这两条船被要求从标志的同一侧通过，并且处于同一舷风，所以当OL在位置1后抵达标区时，规则18适用。两船从那时起直到发生接触时，谁也没有明显在后于谁，所以她们是相联的（参见明显在后与明显在前；相联的定义）。因此，规则18.2（b）的第一句话适用，限制了规则11给予外侧船OL的权利，要求她为内侧的IW给予绕标空间。OL未给予IW绕标空间，所以根据规则18.2（b）取消其资格。

IW违反了规则11，但她是在她有权要求的绕标空间内违反该规则的，所以根据规则43.1（b）被免责。

两条船都违反了规则14，因为两船都可以避免接触。但是，因为OL是航行权船，IW是有权要求绕标空间的船，接触未造成损坏或受伤，两船都可根据规则43.1（c）对其违反规则14的行为免责。

GBR 1964/19

# 案例13

## 定义，正当航线
## 规则11，同舷风、相联
## 规则14，避免接触
## 规则15，获取航行权
## 规则16.1，改变航线
## 规则17，同舷风；正当航线
## 规则43.1（c），免责

*起航信号前，下风船的航线高于上风船的航线并不违反规则。*

**事实**

两条14英尺（4米）长的船，A和B，在起航信号前的航行操作中越过了起航线。当顺偏返回准备起航区一侧时，一开始处于上风的A从B的船尾通过，获得了下风位置。刚过位置4，A迎偏至近迎风，并且径直向起航线的左侧标驶去。同时，松开缭绳的B沿着起航线更缓慢地行驶。在位置5发生了接触，B的帆杆碰到A的上风侧支索。A根据规则11抗议B；B根据规则12及15反抗议。

抗议委员会发现A从获取稳定航线到接触时都拥有规则11所赋予的航行权。B有避让的空间，虽然这样做会使她提前越过起航线。所以，B的抗议被驳回，A抗议成功。B上诉，这次引用的是规则16.1。

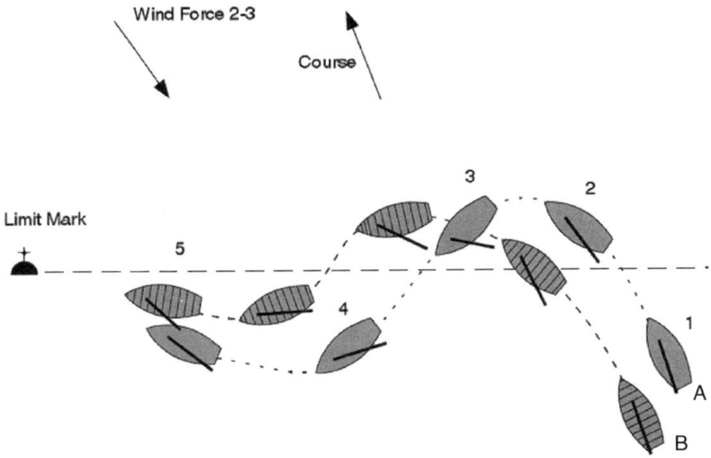


**裁决**

B的上诉被驳回。在位置2与3之间，A在B的下风处变为相联，根据规则11获取了航行权，但是受规则15的限制，要求她于开始时给予B避让的空间。A遵守了该要求，因为A给予了B避让空间。刚过位置4时，当A迎偏至近迎风航线时，根据规则16.1，她被要求给予B避让空间，她这样做了。

A曾经明显在后于B，当她在B下风处变为相联时，A距离B两倍自身船长之内。因此，规则17要求她不得高于正当航线行驶。然而，起航信号前没有正当航线（参见正当航线的定义），接触是在起航信号前发生的。所以，A的迎风偏转未违反规则17，事实上她有权比当时迎偏得更高些，甚至到达正顶风，只要她在这样做时不违反规则16.1。

当A在B下风处变为相联后，规则11要求B避让A。她没有这样做，所以，维持原来根据规则11取消其资格的裁决。另外，B违反了规则14，因为她当时可以避免与A接触；

并且，她没有行驶在根据规则16.1有权要求的空间内，不能根据规则43.1（c）对其免责。

A也违反了规则14，因为她可以很容易的稍做顺风偏转以避免接触。然而，因为她是航行权船且没有产生损坏与受伤，根据规则43.1（c）对其免责。

GBR 1965/10

# 案例14

## 定义，正当航线

## 规则11，同舷风、相联

## 规则14，避免接触

## 规则16.1，改变航线

## 规则17，同舷风；正当航线

## 规则43.1（c），免责

*由于对下风船的正当航线有不同的看法，当两条同舷风船相会时，上风船必须避让。两条处于同一航段又相隔较近的船可能会有不同的正当航线。*

**事实**

微风中，绕过上风标后船群分开了，一些船向岸边驶去以避开潮水的影响，另一些船保持离岸行驶期望能获得好风。L在距W自身两倍船长时，已经从明显在后与W建立了下风相联，并且她们相联绕过标志。W选择保持离岸行驶，而L开始慢慢迎偏并通知W她要向岸边跑的意图时，W回应道：“你没有迎偏权！”。L回答说，她正在行驶正当航线，W需要避让。讨论持续了一段时间。L继续渐渐地改变航线，期间W从未提出过她无法避让。两船发生了接触，双方都提出抗议。抗议委员会因L高于正当航线行驶而根据规则17取消了她的资格，她提出上诉。

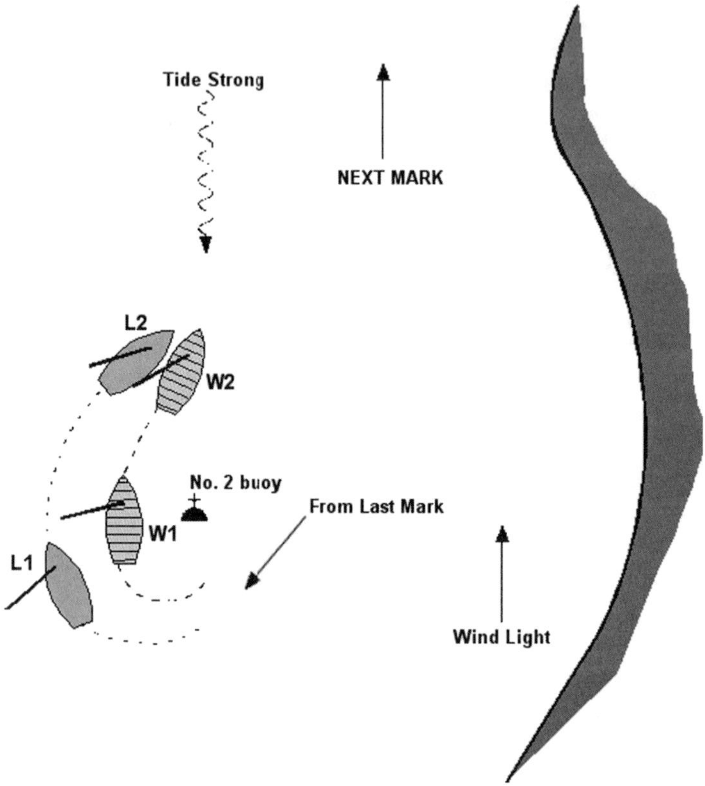


**裁决**

由于对正当航线有不同的看法，当两条同舷风船相会时，规则11要求W避让且规则14要求W避免接触。

本例表明两条处于同一航段又相隔很近的船可能有不同的正当航线。这两条拥有不同航线的船中，哪条会更快到达下一标志是无法事先决定的，也不必以哪条船先到达下一标志来证明。

W抗议的理由是根据规则17，L高于了其正当航线行驶。L的辩护与反抗议的理由是她已经决定行驶可以摆脱潮汐影响的近岸航线，这会使她更快地到达终点，所以，她所行驶的航线是正当航线。此外，L辩称W违反了规则11与14。

认定的事实并未显示L高于正当航线行驶；所以，她未违反规则17。当L在位置1与2之间慢慢迎偏时，W有避让的空间，所以，L也没有违反规则16.1。L本可以避免与W接触。由于她没有这样做，所以，她违反了规则14，但因她是航行权船且接触未造成损坏与受伤，根据规则43.1（c）对其免责。

W因没有避让L而违反了规则11。W本可以避免接触却没有这样做，她还违反了规则14；但是因为她不是航行在根据规则16.1有权要求的空间内，不能根据规则43.1（c）对其免责。

L胜诉。恢复L原成绩，W因违反规则11及14被取消资格。

GBR 1966/3

# 案例15

## 定义，绕标空间

## 规则12，同舷风、不相联

## 规则13，迎风换舷时

## 规则18.1（a），绕标空间：规则18适用时

## 规则18.2（b），绕标空间：给予绕标空间

## 规则18.2（d），绕标空间：给予绕标空间

*迎风换舷去绕标时，明显在前的船必须遵守规则13；明显在后的船有权保持航线来阻止另一条船迎风换舷。*

**事实**

A与B正在接近要求左舷绕标的上风标。她们以平行的近迎风航线行驶，A明显在前。在B可以迎风换舷并飞驰标志时，A期望B能迎风换舷绕标并驶向下一标志。然而，B却保持原航线，通过标志直到很远的位置，如图所示。

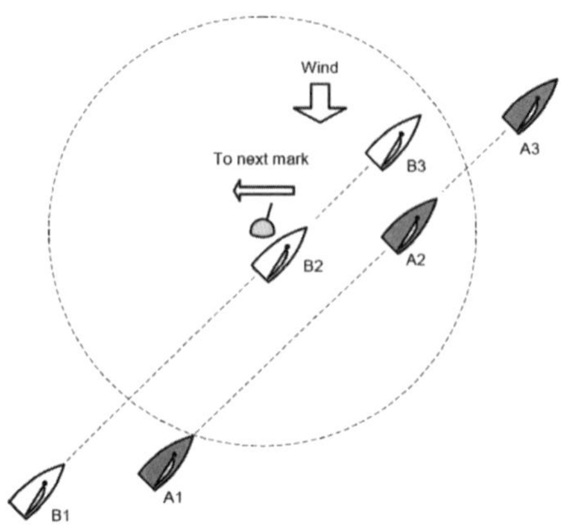

**问题**

B有权这样保持航线以阻止A迎风换舷吗？

**答案**

有。当A保持左舷风时，规则12要求B避让，因为A进入标区时明显在前，规则18.2（b）还要求B给予A绕标空间。A迎风偏转时（即使迎偏至正顶风），只要B避让了A并给予了A绕标空间，B就有权利行驶自己选择的任何航线，包括保持原航线。然而，在A离开标区后，B就不必再给予A绕标空间了［参见规则18.2（d）］。

A有权要求的绕标空间不包括她迎风换舷的空间（参见定义绕标空间的最后一句）。假设A越过了正顶风，那么，规则18的所有部分自此刻停止适用，因为两船将以相对舷风行驶在驶向上风的迎风航段上［参见规则18.1（a）和案例132］。另外，A不再具有规则12赋予的航行权，根据规则13，B将成为航行权船。

GBR 1966/8

# 案例16

删除

# 案例17

## 规则13，迎风换舷时

*一条船处于近迎风航线上时，就不再受规则13的约束，不管她相对水面是如何运动的，也不管她是如何操作帆缭的。*

**问题**

直到迎风换舷的船“处于近迎风航线上”为止，规则13都适用。然而，该规则并没说当该船进入近迎风航线时是否必须是运动的。这是否意味着，当规则13停止适用时，该船必须在近迎风航线上相对水面是运动的，而不仅仅是处于近迎风航线上？

**答案**

当一条船处于近迎风航线上时，就不再受规则13的约束，不管她相对水面是如何运动的，也不管她是如何操作帆缭的。

GBR 1967/8

# 案例18

删除

# 案例19

## 第二章，前言

## 规则36（b），重新起航或重新竞赛

## 规则43.1（c），免责

## 规则44.1（b），事件发生时的惩罚：解脱

## 规则60.3（a）（1），抗议的权利；要求补偿的权利或规则69的行动

## 规则61.1（a）（4），对抗议的要求：通知被抗议人

## 规则62.1（b），补偿

## 规则63.5，审理：抗议或补偿要求的有效性

## 规则64.4（a），裁决：涉及级别规则抗议的裁决

*关于“损坏”一词的解释。*

**问题**

竞赛规则中的“损坏”一词有特殊含义吗？

**答案**

没有。不可能详尽地定义“损坏”一词，但有一本现行的英文字典上解释为：“给某事物的价值或使用造成的损害。”

该定义提出了一些值得考虑的问题，举例如下：

- 整条船或该船的某部分的现行市场价值是否降低了？
- 该船部件或者其装备的功能是否受到了影响？

GBR 1968/2

# 案例20

## 规则1.1，安全：援助处于危险中的船或人员

## 规则62.1（c），补偿

*当一条船可能有危险时，另一条向其提供援助的船有权利要求补偿。即使她没有被请求这样做或者是后来发现危险并不存在。*

**事实**

在比赛时A倾覆。看到此情况后，B驶到她跟前并向她提供了援助。A接受了援助，B靠到跟前，将A的两名船员拉到船上。然后，所有人忙了几分钟将桅杆插入泥中的A扶正。上岸后，B根据规则62.1（c）要求补偿。

抗议委员会裁决时考虑了几方面因素。首先，A的舵手是有丰富经验的选手。第二，风力较弱，正上涨的潮水很快会将桅杆提出来。第三，她并没有寻求援助，却被提供了援助。所以，因船及船员都没有危险，补偿的要求被拒绝。B上诉，理由是规则1.1并没要求提供援助的船承担确定（或辩护）危险是否存在的责任。

**裁决**

B胜诉。当船所处的位置可向另一条可能存在危险的船提供援助时，规则1.1要求她提供援助。抗议委员会后来确定事实上危险并不存在或者该船并未提出援助要求也没有关系。B有权获得补偿。抗议委员会需要重新审理，并根据规则64.3及A9中的要求与建议给予B适当的补偿。

GBR 1968/14

# 案例21

## 定义，绕标空间

## 定义，空间

*当一条航行权船有义务给予内侧相联船绕标空间时，她必须给予的空间没有最大值与最小值。她所必须给予的空间大小相当一部分取决于现有条件，包括风况与海况、内侧船的速度、她张起的帆及她的设计特性。*

**问题**

当规则18要求航行权船给予内侧相联船绕标空间时，她必须给予的最大空间是多少？她必须给予的最小空间是多少？

**答案**

这种情况下，绕标空间的定义规定内侧船有权获得以下四种操作所需要的空间：

- 从规定的一侧离开标志的空间。
- 驶向标志的空间，但仅限于内侧船的正当航线是驶近标志时。
- 行驶航线而不碰标所必需的绕过或通过标志的空间。
- 迎风换舷的空间，但仅限于满足以下附加条件时：内侧船在外侧船的上风相联，迎风换舷是行驶航线所需的绕标动作的一部分，且内侧船迎风换舷后可以飞驰该标志。

空间和绕标空间的定义中没有包括任何空间最大值或最小值的参考内容，也没有规则说明外侧航行权船必须给予的最大或最小空间。她必须向内侧船给予的是在现有条件下迅即进行正常的航行操作所需的空间。此外，内侧船有权利要求其避免碰标的空间和根据规则第二章针对外侧船和其他附近的船履行她的义务的空间。

术语“现有条件”值得考虑。例如，在微风中的平静湖面上，接近标志的两条小帆船中内侧船所需要的空间相对较小，只要比她的船体和正常调帆所需要的空间多一点即可。另一种极端情况是，在开阔浪陡的水面上，两条龙骨帆船驶向正在剧烈的无规则摇摆的标志时，内侧船也许需要整条船长的空间甚至更多，才能确保安全。升起球帆的船通常要比收起球帆的船需要更大空间。一条滑行起来或正在滑浪的船转向时需要的空间可能比正在爬浪的船要小。“现有条件”也包括内侧船的特性。例如一条长龙骨的帆船或多体船在绕标时可能要比一条容易转向的单体船需要更多的空间。一条舵较大的船要比一条舵较小的船需要的转向空间要少。

“迅即进行正常的航行操作”这一说法含有的意思对两条船都适用。首先，针对内侧船，如果她在航行操作时未能进行合理有效地操舵、操缭和操帆，就无权抱怨说是空间不够。针对外侧船，她必须给予足够的空间，以使内侧船不必采取特别或非正常的操作（参见案例103）。

世界帆联 1969

# 案例22

## 规则61.2（d），对抗议的要求：抗议内容

## 规则63.5，审理：抗议或补偿要求的有效性

## 规则64.2，裁决：惩罚

*抗议者认为的犯规条款不是抗议委员会之后裁定的犯规条款之一，这与抗议的有效性无关。*

**事实**

在标志附近发生碰撞后，S抗议P，根据规则61.2（d）的要求，在其抗议表中引用规则18。抗议委员会宣布抗议无效并且拒绝审理该抗议，理由是该抗议应该引用规则10而不是规则18。据抗议委员会说，假使审理该抗议并且提问各方的话，该抗议可能会成功。S上诉。

**裁决**

规则61.2（d）要求抗议中要指出抗议者认为违反了的规则。如果在递交到竞赛办公室的书面抗议中没有指出，可以在审理前或审理期间说明违反了的规则。但没有规定要求所指出的规则必须是之后确定被违反的规则，在确定抗议有效性时，抗议者引用的规则可能不是适用的规则也没关系。

认定事实后，是由抗议委员会来确定所适用的规则。规则64.2指出，无论是否在抗议中提到所适用的规则，取消资格或其他的惩罚须照常执行。该上诉胜诉，要求抗议委员会举行一次新的审理。

ITA 1967/4

# 案例23

## 定义，明显在后与明显在前；相联

## 定义，障碍物

## 规则10，相对舷风

## 规则14，避免接触

## 规则19，通过障碍物的空间

*在顺风航段上，当一条右舷船从她前面的两条左舷船之间通过时，规则19对她不适用。规则10要求这两条左舷船避让。*

**事实**

共有三条船，一条右舷船与另外两条左舷船正顺风行驶。如图所示，S超越PL与PW，并从她们之间通过。三条船继续沿逐渐相汇的航线行驶，直到S先与PW接触，然后与PL接触。PW抗议S，称她已经违反了规则19.2（c），因为处于下风的PL对上风的PW构成障碍物，S无权进入她们之间。抗议委员会根据规则10取消了PL及PW的资格。PW上诉。

**裁决**

当这些船从位置1驶向位置4时，规则10要求PW和PL都避让S。因为所有三条船行驶中与真风的角度都大于90°，S与PL从位置1至位置4都是相联的，刚过位置2后不久至位置4，S和PW也是相联的（参见定义明显在后与明显在前；相联）。在这些相联存在时，规则19不适用，

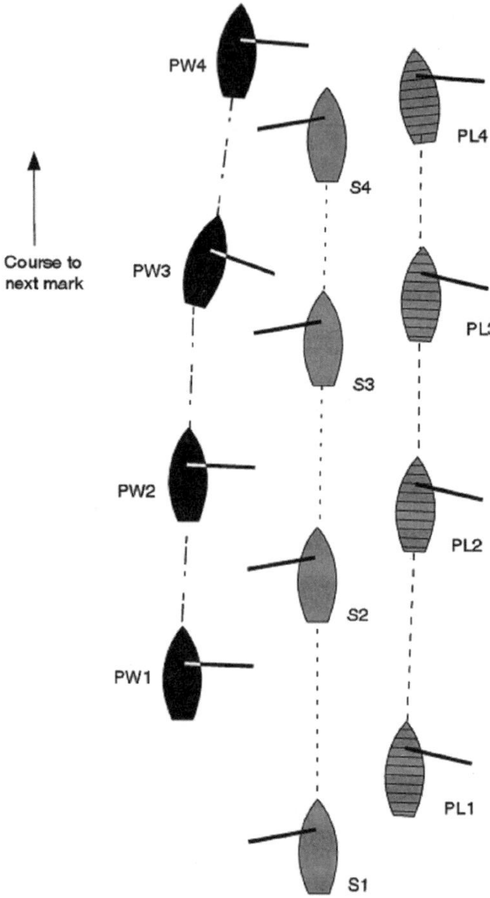


因为在此期间并没有需要任何两条船从同一侧通过的障碍物。定义"障碍物"的倒数第二句话表明，PW对S和PL来讲都不是障碍物，因为两者都无需避让PW。同样，PL对S和PW来讲也不是障碍物，因为S无需避让PL。因规则10要求PL与PW都要避让S，所以，定义倒数第二句话表明S对PL和PW都是障碍物。然而，规则19并不适用，因为在整个过程中PL和PW都没有从S的同一侧通过。

另外，PW的抗议中引述的规则19.2（c）仅适用于船通过连续障碍物时，并且正如定义障碍物的最后一句话所述，正在竞赛的船从来不会成为连续障碍物。

S与PW之间及S与PL之间发生了接触。然而，因为当她们的航线相会时S陷在了PW与PL之间，在明确了PW与PL不避让后，S已经无法“可能合理”地避免接触了。所以，S未违反规则14。

根据规则10，S对那两条左舷船，PW和PL都具有航行权，而这两条船都没有避让她。因此，PL和PW都违反了规则10。PL和PW本都可以轻易地避免与S接触，因此两船都违反了规则14。维持抗议委员会根据规则10取消PL与PW资格的裁决，PW的上诉被驳回。

GBR 1970/1

# 案例24

## 定义，空间
## 规则11，同舷风、相联
## 规则12，同舷风、不相联
## 规则15，获取航行权
## 规则43.1（b），免责

*当一条船从明显在后变为从下风相联时，另一条船必须迅即采取行动避让。当她不能以正常的航行操作做到这一点时，她就没有给予规则15所要求的空间。*

**事实**

微风中，A与B以右舷侧顺风行驶在至下一标志的正当航线上，且距下一标志有段距离。开始时，B明显在后于A并处于A的正后方，但航速略快，她在A的下风靠近其船尾处变为相联。

**问题**

1. B在规则12下的义务何时由规则11所给予的下风船航行权所代替？

2. B在规则15下的义务是什么？

3. A在规则11下的义务是什么？

**答案**

1. B和A变为相联的那一刻时，B在规则12下的义务就被规则11赋予她的下风船权利所代替了。

2. 规则15体现了规则的基本原则，就是当航行权从一条船转至另一条船时，新获得航行权的船必须给予另一条船回应的时间与空间，从而有一个公平的机会来进行避让操作。B在规则15下的义务并不是连续的；她只能暂时保护A，并且仅是在相联开始后就迅即做出回应的情况下（参见空间定义）。

3. 规则11要求A避让，如果需要她迎偏，她必须迅即这样做。如果A这样做时，其船体、船员或装备的某一部分碰到了B的船体、船员或装备的任何部分，A就违反了规则11。假使A以正常的航行操作进行了迎偏，但仍然发生了接触，B就会因未给予A避让空间而违反了规则15，根据规则43.1（b）对A违反规则11的行为免责。然而，若A进行了不必要的更高的迎偏去避让B但仍造成了与B接触，那么，A已被给予了规则15所要求的空间，不能对其免责。

GBR 1970/2

# 案例25

## 定义，绕标空间

## 规则11，同舷风、相联

## 规则14，避免接触

## 规则16.1，改变航线

## 规则18.2（b），绕标空间：给予绕标空间

## 规则43，免责

*在内侧相联上风船已被给予绕标空间后，规则18不再适用，但规则11继续适用。内侧上风船必须避让外侧下风船，下风船可以迎风偏转，前提是她给予了上风船避让的空间。*

**事实**

两条15英尺（4.5米）长的小帆船IW和OL正驶向需左舷离开的下风标。下一航段是驶向上风的迎风航段。早在两船抵达标区前，IW就与OL建立了内侧相联，OL给予了IW驶向标志并绕标至近迎风航线的空间。IW通过标志后，OL开始迎偏至驶向下一标志的航线。IW在向上风迎偏时较慢，其仍向外伸出的帆杆碰到了OL的舵手和侧支索。接触发生时，IW距离标志一倍船长并低于近迎风航线行驶。未造成损坏与受伤。IW根据规则18.2（b）抗议OL，OL根据规则11抗议IW。

抗议委员会裁定，IW在驶向标志后未迅即迎偏至近迎风航线上，她所占用的空间超出了其根据规则18.2（b）有

权要求的空间。IW没有否认这一点，但却将此归因于她从帆杆外端引出的主缭，与之相比，OL使用的是从帆杆中央引出的主缭。

抗议委员会驳回了IW的抗议，OL赢得了抗议。IW因违法规则11被取消资格。IW上诉。

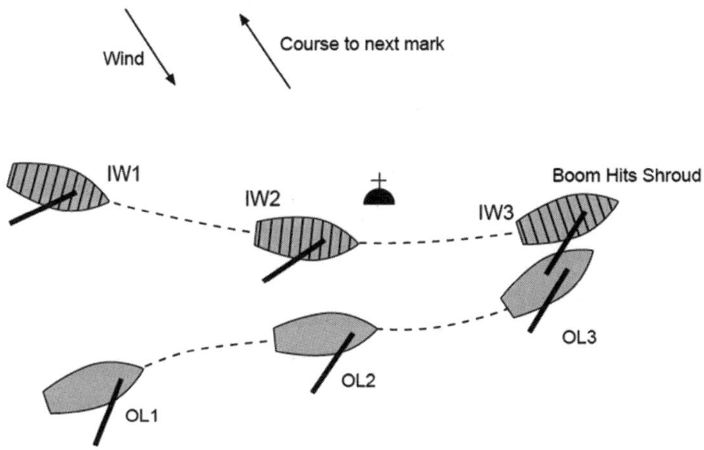


**裁决**

IW的正当航线是驶近标志的航线，行驶航线所需的航线改变是绕标进入近迎风航线。所以，规则18.2（b）要求OL给予IW驶向标志及绕过标志进入近迎风航线、从规定的一侧离开标志并不触碰标志的空间。在位置1和2之间，OL给予了IW驶向标志的空间。在位置2和3之间，OL给予了IW绕标至近迎风航线的空间。因此，OL未违反规则18.2（b）。

导致抗议的事件中的接触发生在位置3。那时，IW已经被给予了驶向标志及绕过标志进入近迎风航线、从规定的一侧离开标志并不触碰标志的空间。由于这些原因，规则18在发生接触的那一刻并不适用（参见规则18.1）。

在整个事件发生过程中，规则11都要求IW避让OL。IW在低于近迎风的航线上驶离标志一倍船长的距离，在发生接触前不久的位置3，IW因未能避让而违反了规则11。

当OL在位置2和3之间迎偏时，规则16.1要求OL给予IW避让空间。OL向前运动了两倍船长时迎偏了约30°。纵然用的是帆杆外端主缭索具，但一条正常操作行驶的船在向前行驶了两倍船长时是可以转向30度并适当调整主帆的。因此，OL给予了IW避让空间，没有违反规则16.1。

根据规则43.1（b），IW违反规则11的行为不能被免责，因为在她这样做时，她驶向了根据规则16.1有权享有的空间的下风，而不是在有权享有的空间内。

OL本可以避免与IW接触，所以OL违反了规则14。然而，根据规则43.1（c），她的这一行为被免责，因为她是航行权船，且接触没有造成损坏或受伤。

IW是有可能避免接触的，所以IW也违反了规则14。然而，因为IW没有行驶在根据规则16.1有权享有的空间内，所以不能根据规则43.1（c）被免责。

IW的上诉被驳回。根据规则11和14取消IW的资格。

CAN 1971/9

# 案例26

## 规则14，避免接触

## 规则16.1，改变航线

## 规则18.1，绕标空间：规则18适用时

## 规则43.1（c），免责

## 规则64.2，裁决：惩罚

*在明确另一条船不会避让之前，航行权船无需采取行动避让。但是，当航行权船本可以避碰却因碰撞导致损坏时，则必须根据规则14惩罚她。*

**事实**

在不同的竞赛中，索林级S和505级P以相对舷风接近同一标志。正在降球帆并迎偏去以左舷一侧过标的P，不知道S被要求以右舷一侧绕标，而且她正准备这样做。

直到图中所示位置之前，P没有听到呼喊，也不知道S的存在，在图中所示位置时，P的船员看到了S。他大声地警告并且迅速避让，但是S的船头还是撞到了P桅杆后的船体部分，造成了损坏。

P根据规则14抗议S，理由是S本可以避免碰撞。S和两位证人证实S在碰撞前的任何时间都没有改变航线。S根据规则10抗议，称如果她改变了航线就会违反规则16.1。

抗议委员会根据规则10和14取消了P的资格。P上诉。

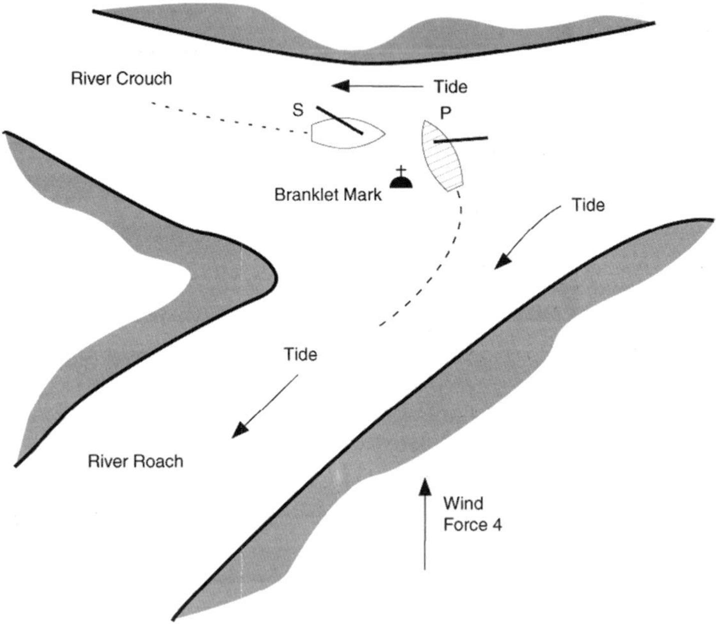


**裁决**

作为避让船的P未能保持瞭望，也没有履行其避让和避碰的首要义务。她既违反了规则10，也违反了规则14。规则第二章的主要目的是避免船之间的接触。为了遵守规则14，所有的船不管是否具有航行权，都必须保持瞭望，特别是在接近标志时。如果P这样做了，就会早点意识到S的存在，就能够避免碰撞了。

因为P与S并非被要求从同一侧离开标志，所以规则18不适用（参见规则18.1）。

在清楚P不会避让的那一刻，规则14要求S采取行动以避免与P接触。在图中所示位置之前，S应已清楚两船处于相会的航线上，且P没有在避让。那时，S本可以迎风偏转，避免与P发生接触。S如果这样改变航线的话，会给予P更多的避让空间，也不会违反规则16.1。S违反了规则14，并且由于接触造成了损坏，不能根据规则43.1（c）对其免责，她必须受到惩罚（参见规则64.2）。

根据规则10和14取消P的资格是正确的。S也因违反规则14被取消资格。

GBR 1971/4

# 案例27

## 规则2，公平航行

## 规则13，迎风换舷时

## 规则14，避免接触

## 规则15，获取航行权

## 规则43，免责

*一条船无需预计另一条船将要犯规。当一条船因自己的动作而获得航行权时，另一条船有权利要求避让的空间。*

**事实**

AS在抵达标区时明显在前于BP。在位置1与2之间，在BP下风一倍船长并在BP前面一倍船长的AS一抵达右舷方位线就进行了迎风换舷。她立即被以约10节船速行驶的BP撞上并产生了损坏。抗议委员会以AS违反规则15而取消其资格。抗议委员会还根据规则2取消了BP的资格，指出BP知道AS将迎风换舷但未采取任何避碰行动。BP上诉，强调她没有义务去预计一个非法的迎风换舷。

**裁决**

AS抵达标区后，规则12要求BP避让AS，并根据规则18.2（b）给予AS绕标空间。当AS越过正顶风时，这两项义务就都终止了［参见规则18.1（a）和18.2（d）］。当AS越过正顶风时，根据规则13，BP变为航行权船，该权利持续到AS到达右舷近迎风航线为止。在那个时刻，规则15要求刚刚根据规则10获得航行权的AS给予BP避让的空间。

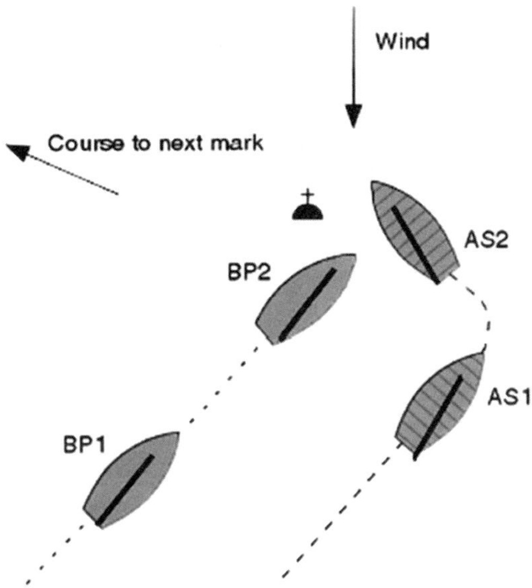


几乎在AS到达右舷近迎风航线后就立即发生了碰撞。因此，BP需要在AS顺偏到近迎风航线前就采取躲避动作。那个时刻，根据规则，BP拥有航行权，所以AS违反了规则13。

如规则15所述，一条船因另外一条船的行为而变得有义务去避让时，是有权要求回应的足够时间和空间的，这是航行权规则的原则。当AS根据规则10获取航行权时，她没有给予BP避让的空间，违反了规则15。最后，AS违反了规则14，因为她本可以在越过正顶风后转回左舷，以避免接触。

BP没有采取任何行动去避碰，但她又能怎么做呢？规则14清晰的规定，航行权船在另外一条船明显地不避让前，无需采取避免接触的行为。在AS不避让的情况变得明显后，根据BP当时的速度和距离，她有大约1至2秒的时间决定怎么做，然后去行动。尽管AS最终要迎风换舷去绕标是显而易见的，但没有规则要求BP去预测AS将违反规则。

BP确实违反了规则10，但根据规则43.1（a）或43.1（b）对其违反规则的行为免责。BP没有违反规则14，因为在AS违反规则13后，BP没有合理的可能去避免碰撞。BP没有违反任何体育道德或公平竞赛的原则，因此，她没有违反规则2。

BP胜诉。恢复她的成绩。保留AS的取消资格。

USA 1971/140

# 案例28

## 规则28.1，行驶竞赛航线

## 规则32.1，起航后缩短航线或放弃竞赛

## 规则43.1（a），免责

## 规则A5.1，竞赛委员会决定的计分

*当一条船因违反规则而造成另外一条船碰标时，这条碰标的船可以免责。无论出于何种原因，起点标志已经移动这一事实不能免除一条船起航的义务。只有当标位的移动直接影响到竞赛安全或公平时，竞赛委员会才可以根据规则32.1（c）放弃竞赛。*

**事实**

当近迎风行驶的S和P驶近起航线的左侧一端时，一股强水流将她们冲向起航线和起航标。S在距标志两倍船长时呼喊P避让。S没有得到回应，被迫顺风偏转避碰。起航信号刚发出后，P从标志上面骑了过去。当S迎偏返回近迎风航线时，已经处在驶向标志错误一侧的航线上，此时，标志从P的船体下弹出来碰到了S。P没有做解脱，S也没有返回去从两个起航标间起航。

S根据规则10和31抗议P，并且引用规则32.1（c）要求补偿，要求放弃该轮竞赛。抗议委员会因P违反规则10与31取消了她的资格，拒绝了S的补偿要求，记录S为DNS。后一个决定带着下述问题一并提交至国家和地区管理机构寻求确认或更正：如果S根据规则28.1返回重新起

航，可以依据规则32.1（c）因标志移位而放弃该轮竞赛吗？

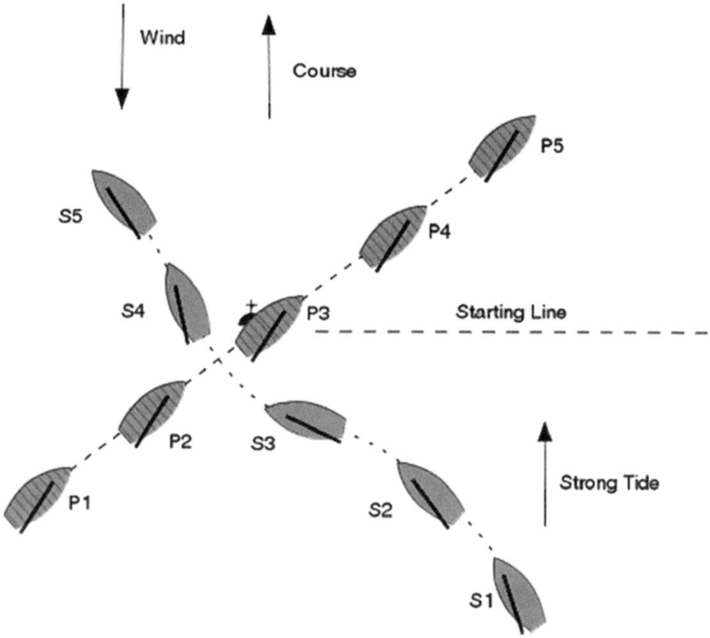


## 裁决

虽然S碰了标，但当另一条船碰标时，她无法预测标志将如何移动。所以，根据规则43.1（a）对S违反规则31的行为免责，因为是P的两次犯规行为致使标志碰到了S。然而，S本可以按规则28.1的要求返回并起航。起航标移位的事实不能免除她起航的义务。

因为S没有起航，所以竞赛委员会记录S为DNS（参见规则A5.1）是正确的。

规则32.1（d）明确规定，放弃竞赛最重要的标准是竞赛的安全或公平性因某种原因受到不利影响。规则32.1（a）、（b）、（c）举例说明了可以判定放弃竞赛的理由；规则32.1（d）指出可能还有其他原因。本例中，由于P骑到了起航标上而导致的标志意外移动不能成为放弃竞赛的正当理由。确实，即使锚没有移动，标志也会因风、流、浪或被其他船碰到而导致其准确位置频繁且有规律地发生变化。这种移动是选手必须接受的风险，不能成为放弃竞赛的理由。

RUS 1971

# 案例29

## 定义，障碍物

## 规则19.2（b），通过障碍物的空间：在障碍物旁给予空间

## 规则19.2（c），通过障碍物的空间：在障碍物旁给予空间

*一条下风船是与之相联的一条上风船和第三条明显在后的船的障碍物。只要从相联开始时，上风船能够给予空间的话，明显在后的船就可以从这两条相联船之间通过并有权从上风船处要求她与下风船之间通过的空间。*

**事实**

当在顺风航段上顺风行驶时，W在L的上风近两倍船长处变成与之相联。随后，M驶入了L与W之间的空间。这三条船都保持自己的航线，L与W之间的空间没有缩小，也没有发生接触。W引用规则19.2（b）和19.2（c），抗议M占用了其无权得到的空间。抗议被驳回，理由是W给予了M规则19.2（b）要求的空间。W上诉。

**裁决**

规则11要求W在整个事件中避让L。当M明显在后于L时，规则12要求她避让L，并且在其与L变为相联后，规则11要求她避让L。如图所示，M与W都满足了这些要求。

因为W与M在整个事件中都需要避让L，所以，L在那个时间内对W与M来讲是障碍物（参见障碍物定义的倒数

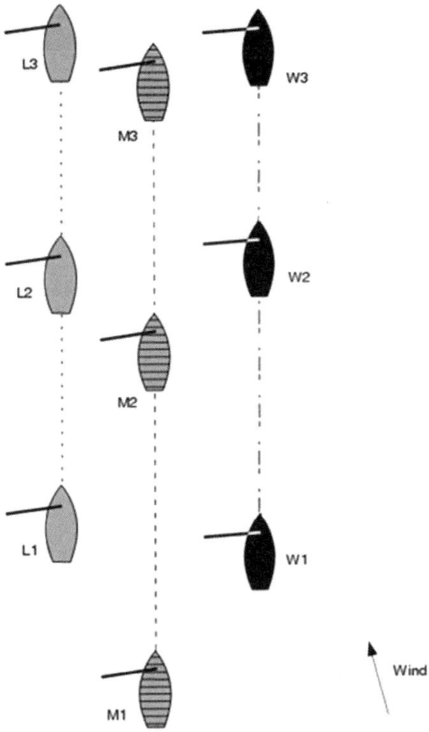


第二句话）。然而，因为L是正在航行的船，L对于她们而言就不是连续障碍物（参见障碍物定义的最后一句话）。当M与W变为相联时，规则19.2（b）开始在她们之间适用。它要求W给予M在她与障碍物间通过的空间，除非自相联开始时她就无法做到这一点。正如事实清楚表明的那样，相联开始时W能够给予M空间，并能一直这样做直至到达终点。所以W遵守了规则19.2（b）。规则19.2（c）不适用，因为障碍物L不是连续障碍物。M未违反任何规则；所以W的上诉被驳回。

USA 1974/163

# 案例30

## 定义，避让

## 规则14，避免接触

## 规则19，通过障碍物的空间

## 规则43，免责

*明显在后须避让的船却与明显在前的船相撞了就违反了碰撞发生前适用的航行权规则。但是，由于无意地换舷而失去航行权的船仍需要避让。*

**事实**

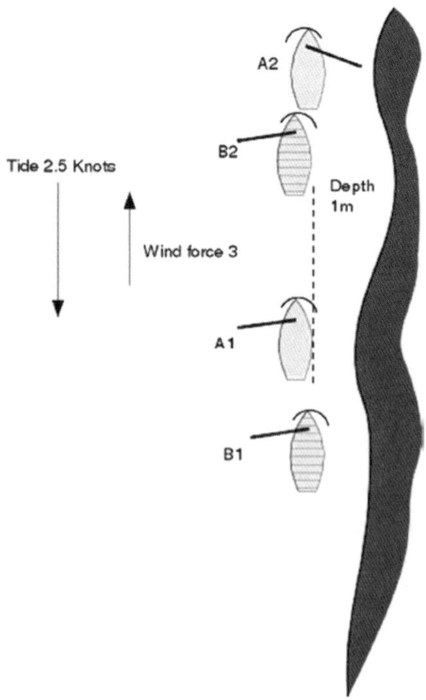


在靠近岸边的地方，A和B在3级风中顶着一股强劲的退潮流以右舷顺风行驶。在位置1，A明显在前于B不到半倍船长的距离。B对A实行遮盖，使A速度减慢并无意中产生了顺风换舷。之后立刻发生了碰撞，虽然没有损坏或受伤，但B根据规则10抗议A。事实得到各方承认，两条船都被取消了资格：对B适用的是规则12，因为刚好在A顺风换舷前，她距离A太近而难以避让；对A适用的是规则10，因为她未能避让右舷船。

A上诉，理由是A因B的行为被迫违反规则10。抗议委员会对此上诉发表意见时称：B在两条船都为同舷风时因未避让，既引发了A的换舷又造成了碰撞。

**裁决**

两船正靠近海岸线行驶，海岸线既是障碍物也是连续障碍物。因此满足了规则19适用的条件。然而，因为两船没有相联，规则19的两部分内容给予一条船的义务都不适用［参见规则19.2（b）和19.2（c）］。

当B明显在后于A时，规则12要求她避让，但她没有做到。她的犯规发生在碰撞之前，即在A首先需要“采取避让行动”的那一刻（参见避让的定义）。

当B与A相撞时，她还违反了规则14。然而，因为她那时根据规则10拥有航行权，并且没有造成损坏或受伤，所以，根据规则43.1（c）对她的犯规行为免责。

尽管A不是有意顺风换舷的，但在她顺风换舷后，根据规则10，她变为了避让船。她违反了那条规则，但这仅仅是因为B违反规则12的行为致使A无法避让。因为A无法“合理可行”地避免接触，所以她没有违反规则14。

因此，抗议委员会根据规则12取消B的资格是正确的。然而，根据规则43.1（c），A违反规则10的行为得以免责。A胜诉，恢复其成绩。

GBR 1974/3

# 案例31

## 体育道德与规则

## 规则2，公平航行

## 规则26，竞赛起航

## 规则29.1，召回：个别召回

## 规则62.1，补偿

## 规则64.3，裁决：补偿的决定

## 竞赛信号，召回信号，X旗

*当个别召回的正确视觉信号发出，但未发出所要求的音响信号时，并且当被召回的船处于能听到音响信号的位置未看到视觉信号时，也就没有返回时，她有权获得补偿。然而，如果她意识到自己处在了起航线的航线一侧，则必须返回并正确起航。*

**事实**

起航时，规则29.1所要求的个别召回视觉信号正确发出，但是要求的音响信号没有发出。被召回的船之一A没有返回，被计为OCS，之后她要求补偿，理由是她几乎在起航信号发出的同时起航，没有听到召回的音响信号。

抗议委员会认定A在起航信号发出时没有完全位于起航线准备区一侧。抗议委员会因音响信号的缺失而给予了A以终点名次计分作为补偿。这就改变了B的终点名次。然后，B就提出了补偿要求，强调她的名次受到了影响，而这是由于给予了A终点名次这一不当的裁决导致的。B没有得到补偿，于是她提出上诉，理由是规则26指出“音响信号的缺失不必理会”。

**裁决**

规则62.1（a）对给予补偿有三个要求。首先是发生了“不当行为或疏忽”。此例中，竞赛委员会没有发出规则29.1所要求的音响信号，显然是不当的疏忽。第二个要求是一条船的终点名次被“明显变差”了。此例也符合这条要求，因为A被记为了OCS。第三个要求是一条船所承受的不当行为或疏忽的结果是“因非自身失误”的。此例中，竞赛委员会音响信号的漏发与A毫无干系，并且她认为自己已经正确地起航了。

规则29.1和竞赛信号中关于X旗升起时发出音响信号的要求，对于提醒参赛船注意到她们中将有一条或多条船被召回这一事实是至关重要的。当个别召回信号中没有音响信号时，一条被召回的船处在能听到音响的位置却没看到视觉信号，也没有返回时，她就有权要求补偿。然而，如果一条船已经意识到自己处于起航线的航线一侧，她就无权要求补偿，她必须遵守规则28.1，还有规则30.1（适用的话）。如果她没有这样做，她就违反了那些规则。另外，她还未能遵守第一条基本原则，体育道德与规则，并且违反了规则2。

当裁定一条船有权得到补偿时，规则64.3要求抗议委员会“尽可能对所有受影响的船做出合理公平的安排”。当出现涉及一条船被记为OCS的情况时，如果给予的补偿是调整该船的竞赛得分或终点排名，则应该考虑这样一个事实：通常来说，当被召回的船于起航信号后返回到起航线的起航准备区一侧时，她会在那些没有被召回的船之后一段时间起航，应该加上这个多出的时间。

关于B的要求，规则26的条款“音响信号的缺失不必理会”只适用于预告、准备、一分钟及起航信号。当发个别召回信号时，视觉和音响信号都是必需的，除非航行细则另有规定。

B的上诉被驳回。维持抗议委员会对A的补偿决定。

GBR 1974/7

# 案例32

## 规则86，竞赛规则的更改

## 规则90.2（c），竞赛委员会；航行细则；计分：航行细则

*选手有权仅查看竞赛通知或书面航行细则，以了解与行驶航线有关的所有细节。*

**事实**

除其他事项外，航行细则包含如下内容：

1. 所有竞赛都将执行《帆船竞赛规则》，以下被修改的部分除外。

2. 每天第一轮竞赛起航前60分钟将在俱乐部召开简报会。

3. 缩短航线的信号是两声枪响并升起S旗和级别旗。该级别的船应绕过领先的船将绕行的标志后直接驶向终点线。此处更改竞赛信号S旗的含义。

其中一次简报会上，竞赛官试图对第三条中“直接驶向终点线”这句话进行阐明，指出当航线缩短时，所有船都应以迎风方向越过终点线。这样可以保证所有级别（其中某些级别可能从不同的标志到达终点）都可以从同一方向到达终点，即使其不是从缩短航线的那个标志来的方向。

后来，一轮竞赛被缩短了。未参加简报会的6条船按照书面航行细则，从航线一侧越过了终点线。要从航线一侧越过终点线，这些船需要以顺风越过。这6条船被记录为未到达终点，她们寻求补偿。她们指出竞赛委员会不当

地更改了到达终点的定义，并且没有遵守规则90.2（c）的要求。抗议委员会以她们引用的理由给予了补偿。

竞赛委员会向国家和地区管理机构提出上诉，声称简报会是航行细则中有被编号的条款内容，所有参赛选手都应该参加，简报会构成给予口头细则的程序。他们还争辩道，航行细则没有被更改，仅是由竞赛官阐明了“直接驶向终点线”的含义。

**裁决**

上诉被驳回。竞赛官的言辞并不仅仅只是阐明。未参加简报会的船的行为已经证实了这一点。对于航线的所有细节的描述，选手有权仅查看竞赛通知和航行细则，以及对它们的更改，并且，规则90.2（c）要求要以书面形式进行航行细则的更改。此外，规则86.1不允许竞赛通知和航行细则更改到达终点的定义和定义部分中任何其他术语的定义（规则86.2或86.3适用时例外）。

GBR 1975/3

# 案例33

## 定义，明显在后与明显在前；相联

## 规则19.2（b），通过障碍物的空间：在障碍物旁给予空间

## 规则20.1，障碍物旁迎风换舷的空间：呼喊

## 规则20.2，障碍物旁迎风换舷的空间：回应

*一条驶近障碍物的船呼喊迎风换舷的空间，但却是在规则20所描述的需要安全避开障碍物的时机来临以前进行的呼喊，她这样做违反了规则20.1（a）。然而，即使该呼喊违反了规则20.1（a），被呼喊的船也必须做出回应。内侧相联船有权根据规则19.2（b）要求外侧船与障碍物间的空间，即使她已经迎风换舷进入了内侧相联位置。*

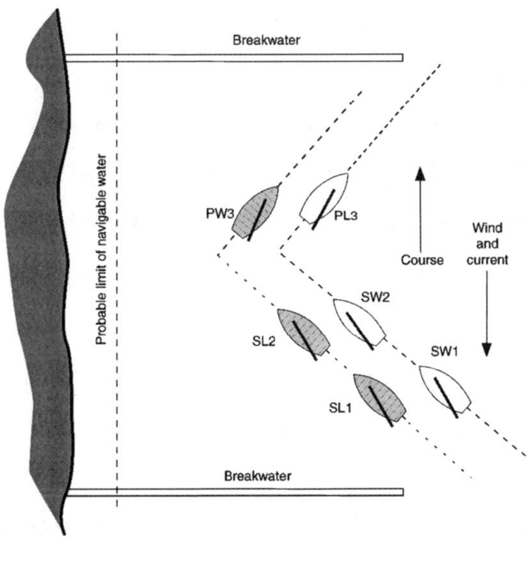

**问题1的事实**

等间距分布的防波堤从岸边伸出来，堤间有不小的水域和水深。当以迎风顶流行驶、为了取得竞争优势时，在相邻的防波堤之间迎风换舷转进和转出会更有利。小型龙骨船SL和SW以右舷近迎风相联驶入一个这样的区域。如果没有SW，SL将会在某一点进行迎风换舷，以行驶到左舷近迎风航线上，恰好能避开下一个防波堤的外端。

**问题1**

如果SL要在位置2处呼喊迎风换舷的空间，SW需要根据规则20.2（c）的要求做出回应吗？

**答案1**

需要。即使在位置2处，SL还没有搁浅的危险，并且她的呼喊会因此违反规则20.1（a），SW也要根据规则20.2（b）和20.2（c）的要求做出回应。为了避免违反规则20.1（a），在SL需要开始进行规则20所描述的要安全地避开障碍物这一过程之前，她都不得呼喊。

**问题2的额外事实**

SL未呼喊迎风换舷的空间。但是，SW在位置2与3之间的某点迎风换舷，当她在这个点完成迎风换舷时，她的近迎风航线可以正好从下一个防波堤的外端下风处通过。看到SW开始迎风换舷，SL也立即开始迎风换舷。

**问题2**

在位置3之后，PL（即之前的SW）需要给予PW（即之前的SL）其与防波堤之间的空间吗？

**答案2**

需要，当SW迎风换舷时，SL能够在不犯规的情况下也进行迎风换舷。当SW转向越过正顶风时，她与SL之间的相联关系不复存在，因为那时她们是相对舷风关系，并且行驶时与真风的夹角小于90°（参见定义明显在后与明显在前；相联）。当SL越过正顶风时，两船再次处于同舷风，这一刻新的相联开始了。在新的相联开始后，PL可以通过顺风偏转很容易地给予PW其与防浪堤之间的空间。所以，规则19.2（b）适用，PL需要给予PW那个空间，前提是PL和PW保持相联。

GBR 1975/8

# 案例34

## 规则2，公平航行

## 规则62.1（d），补偿

## 规则69.2，品行不端：抗议委员会的行动

*妨碍另一条船可能会违反规则2，并且成为给予补偿和根据规则69.2采取行动的依据。*

**事实**

锦标赛的第六轮，也是最后一轮开始时，从A的总积分看，丢奖的唯一可能是B在她前面并且在48名选手中以前三名到达终点。A抢航并被大声呼喊召回。在约距离起航线70到100米处她往回转，但她仅向起航线行驶了约20到30米时遇到了已经正确起航的B。A没有继续向起航线的准备起航区一侧行驶，而是掉转船头开始通过近距离遮盖B来妨碍她。

竞赛委员会再一次呼喊A，通知她仍是越线的船并收到了挥手致意已知晓的回应，但是A继续行驶航线，在整个迎风航段上妨碍B。当A和B抵达上风标时，她们分别是倒数第二和倒数第一，随后A退出了竞赛。B最终到达终点的名次是第22名。

由于竞赛委员会很清楚A继续竞赛的唯一目的是妨碍B，故竞赛委员会根据规则2抗议A。已经被记录为OCS的A因为违反规则2而被抗议委员会记为“不能去掉的取消资格”（DNE）。A提出上诉，声称她自认为已经返回并且

正确起航了。

**裁决**

A的上诉被驳回。认定的事实清楚地表明A知道自己没有按照规则28.1的要求起航，而且是她选择了不这样做。事实不支持她的上诉。抗议委员会的裁决是适当的。

B可以要求补偿，并有权利根据规则62.1（d）获得补偿。

事实表明有违反体育道德的行为，因此违反了规则2。抗议委员会还可以根据规则69.2召集审理，其结果可能是将A从整个系列赛中取消资格或根据规则69.2（h）采取其他措施。

如果A返回起航线的起航准备区一侧并起航，这样做后，在非有意犯规的前提下赶上并超越B，随后对其进行近距离遮盖，她就不违反规则2。

参见案例78。

NOR 1975/1

# 案例35

## 规则20.2（c），障碍物旁迎风换舷的空间：回应

*当一条船在障碍物旁被呼喊迎风换舷的空间，她回答“你迎风换舷”时，发出呼喊的船之后能够以正常的航行操作迎风换舷并避开被呼喊的船时，被呼喊的船就遵守了规则20.2（c）。*

**事实**

两条近迎风行驶的船驶近岸边时，L向W呼喊迎风换舷的空间。W回答“你迎风换舷”，L之后立即迎风换舷。迎风换舷后，L以正常的航行操作顺风偏转并从W的船尾通

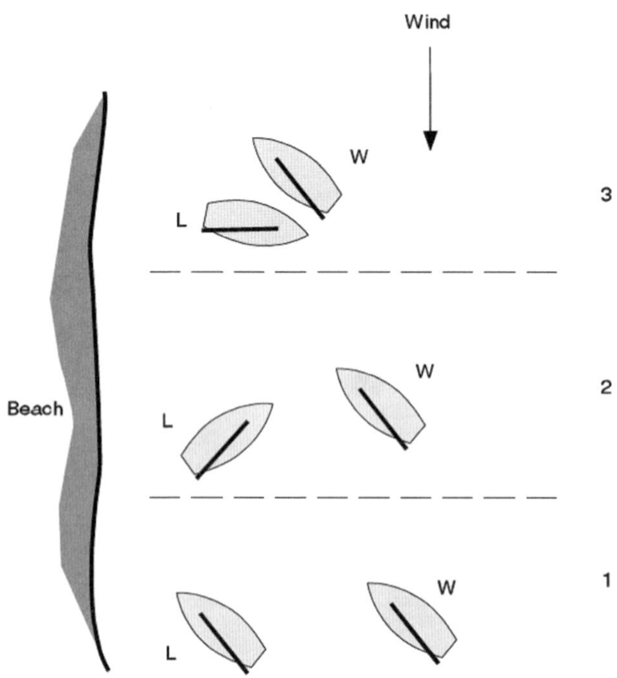

过，避开时L到W船尾距离为3英尺（1米）或更多。L根据规则20.2（c）抗议W。两条船的船长为15英尺（4.5米），风力中等。抗议委员会裁定W没有按规则20.2（c）的要求给予空间并且取消了她的资格。W提出上诉。

**裁决**

W胜诉，恢复她的成绩。L的行动表明了她具有迎风换舷并且避开W的空间。因此，W履行了规则20.2（c）规定的义务。

USA 1976/189

# 案例36

## 规则49.2，船员位置；安全护栏

*与安全护栏有关的船员位置。*

### 事实

一离岸赛级别的船近迎风行驶时，她的一名船员两次有几分钟的时间将自己置于侧支索旁，脚在甲板上，双腿在护栏内侧但触及了护栏。同时，他的躯干基本是直立的，部分伸到了从护栏上端向上竖直的延长线以外。该船被以规则49.2取消资格，她提出上诉。

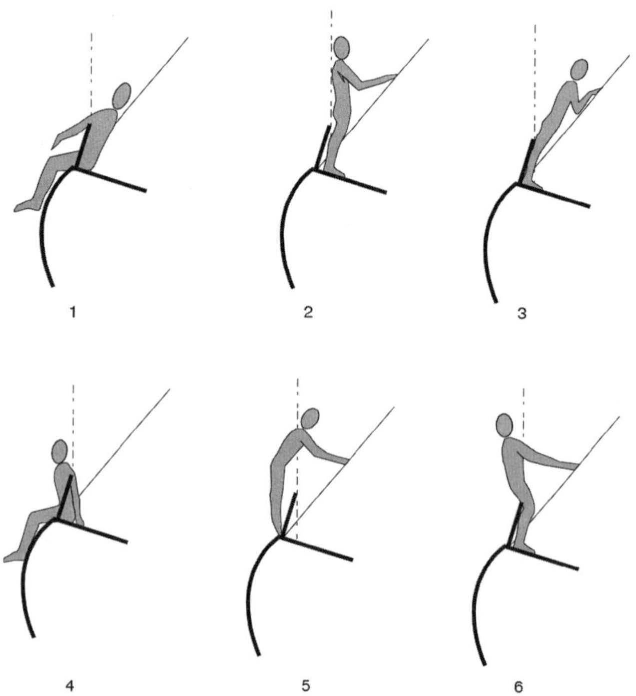

**裁决**

上诉被驳回。为澄清规则，图中列出了几种可能的船员位置。位置6是上诉者的船员位置。位置1，2和3没有违反规则，位置5和6违反了规则。对于有一条安全护栏索的船，位置4违反规则。对于有两条安全护栏索的船，一名面向外坐在甲板上的船员，如果其腰部在下护栏索之内，上部身体在上护栏索的外面，如图4所示，不违反规则。

USA 1976/194

# 案例37

## 规则32.1（c），起航后缩短航线或放弃竞赛

## 规则62.1（a），补偿

*一场赛事的每一轮竞赛都是一场单独的竞赛。在一场多级别的帆船赛中，放弃也许只适用于某些级别而不是所有级别。*

**事实**

某帆船赛第三轮竞赛中有15个离岸赛级别，所有级别都行驶同一航线，横风标被发现已移位近1英里（1.6千米）。几个级别中的许多船因此要求补偿。在最后两个级别的船到达该标志前，该标志处于移位状态已一小时。这两个级别没有船提出补偿要求。但是，抗议委员会放弃了所有级别的该轮竞赛。之后，最后两个级别的船提出了补偿要求，称放弃她们的该轮竞赛是不当的。补偿要求被驳回。她们提出上诉。

**裁决**

抗议委员会未能区分竞赛可能被放弃时的不同程序。竞赛委员会本应根据规则32.1（c），因标志移位而放弃该轮竞赛。然而，它没有这样做，并且似乎满意于让竞赛继续进行下去。

如果抗议委员会在逐个级别、逐个轮次的基础上解决这个问题，它就会发现没有必要或无需放弃最后两个级别的竞赛。也许有充足的理由放弃某些级别的竞赛，但抗议委员会放弃了没有要求补偿级别的竞赛是错误的。它这样

的裁决是规则62.1（a）所述的“不当行为”。上诉得以胜诉，这两个级别的所有船被恢复该轮原来的终点名次。

USA 1977/200

# 案例38

## 国际海上避碰规则

*《国际海上避碰规则（IRPCAS）》的目的是通过防止可能导致碰撞的情况发生来确保海上船舶的安全。当IRPCAS的航行权规则代替规则第二章时，它们有效地防止了航行权船靠近有义务避让的船只时向那些船改变航线。*

**事实**

过夜竞赛的竞赛通知规定，在日落到日出间，IRPCAS航行权规则代替规则第二章。约在0030，右舷受风的L和W相距约两倍船长以平行航线顺风行驶。W明显在后于L，并且W的轨迹处于L的轨迹的上风，稳步地向L靠拢。L向右舷一侧改变航线，迫使W做出回应以避免碰撞。W抗议L，理由是“夜间禁止迎风偏转”。抗议委员会根据IRPCAS第二章第二节第17条规则支持了该抗议。L上诉，理由是抗议委员会错误地使用了IRPCAS中的相关规则。

**裁决**

IRPCAS第13（a）条规定“任何船舶在追越其他船时，均须给被追越船让路”，并且第13（b）条规定“一船正从另一条船正横后大于22.5°的某一方向追上她时，即该船在相对于其所追越的船的位置上，在夜间只能看见被追越船的尾灯而不能看见她的任一舷灯时，这条船须被视为是在追越中”。上例中，W是正在追越的船。第13（d）条规定“随后两船间方位的任何改变，都不得……免除［追越船］避让被追越船的责任，直到她最终通过并避开为止”。

本例中的被超越船L对超越船具有义务。这些内容在第17条中，部分规定如下：“如果两船中的一条船要给另一条船让路，则另一条船须保持航向和航速”。当船只间靠得太近以致L的迎偏将迫使W改变航线避免接触时，这条规则禁止了竞赛中所谓“迎风偏转”的操作。因此，L的上诉被驳回，维持抗议委员会对其进行判罚的裁决。

CAN 1976/32

# 案例39

## 体育道德和规则

## 规则60.2（a），抗议的权利；要求补偿的权利或规则69的行动

*竞赛委员会不必抗议某条船。执行规则的首要责任在选手。*

**事实**

在整个由5轮竞赛组成的系列赛中，A上共有三名船员参加竞赛。最后一轮竞赛后，B和其他船联合抗议A，称她违反了船员限制人数为2人的级别规则。这是有关此事项的第一次抗议。抗议被驳回，因为抗议船的船长都超过了6米，但没有一条船展示过红旗。该裁决被上诉，理由是竞赛委员会应该在所有轮次中主动抗议A。

**裁决**

根据规则63.5的规定，此抗议无效，因为没有按照规则61.1（a）的要求展示红旗。如果该上诉成立，就等于得出了这样一个结论：即竞赛委员会应该了解每个级别的级别规则，然后，它有义务在级别会员自己没有遵守级别规则时去执行这些级别规则。竞赛委员会没有此义务。此外，规则60.2（a）清楚地说明这是可以自由裁量的，因为它是这样描述的："竞赛委员会可以（强调）抗议一条船"。

正如基本原则的第一条，体育道德和规则中所述："帆船运动选手要自觉遵守所执行的全部规则"。因此，执行规

则的首要责任在选手。

上诉被驳回，维持抗议委员会的裁决。

CAN 1977/35

# 案例40

## 规则46，负责人

## 规则75，赛事报名

*除非级别规则、竞赛通知或航行细则中另有规定，否则只要不违反规则46，船东或其他负责人可自由决定由谁在竞赛中掌舵。*

**事实**

在系列赛中，A是由船东报名参赛的船，船东在第一轮竞赛中掌舵。第二轮和第三轮竞赛，该船由另一位没有报名的人员掌舵。竞赛委员会抗议了她，指出她在第2和第3轮竞赛中违反了级别规则11（e）。级别规则11（e）规定“除非航行细则中另有规定，否则舵手和船员间的职责分配须完全由舵手自行决定”。

抗议委员会裁定A在第2轮与第3轮中是未报名船，也是未起航船，把这两轮成绩记为DNS，并说明级别规则11（e）不允许在整轮竞赛或几轮竞赛中由某一船员长时间地替换舵手，因为这样做的唯一目的是增加该船在系列赛中取胜的机会。A上诉。

**裁决**

A胜诉。船东可以指定另一人去掌舵。报名参赛的是船（参见规则75），除非在级别规则、竞赛通知或航行细则中另有规定（本例中没有），只要不违反规则46，决定何时由谁来掌舵是船东或其他此船的负责人自己的事情。

A正确地报名参赛了，她的系列赛成绩将基于她在所有3轮竞赛中的终点名次。

GBR 1977/2

# 案例41

## 定义，明显在后与明显在前；相联

## 定义，障碍物

## 规则11，同舷风、相联

## 规则12，同舷风、不相联

## 规则19.2，通过障碍物的空间：在障碍物旁给予空间

*当两条同舷风相联的船超越前面同舷风的船并从其下风通过时，关于规则19.2（b）和定义障碍物、明显在前与明显在后；相联是如何运用的讨论。在障碍物旁没有呼喊空间的义务，但却是个明智的做法。*

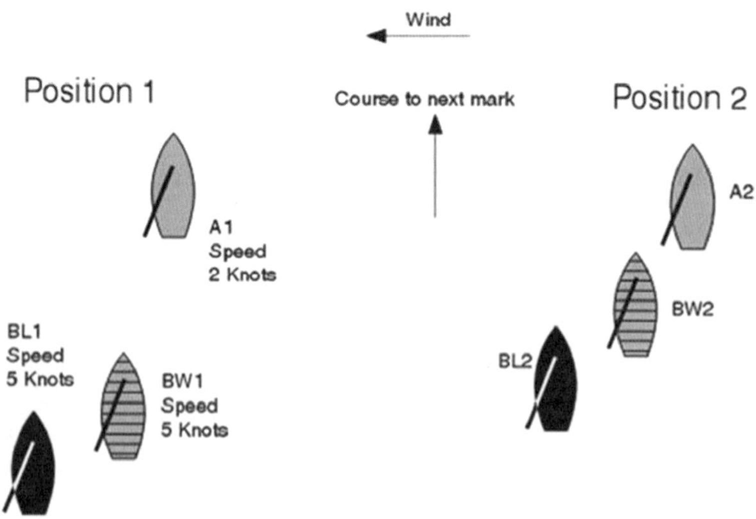

**事实**

右舷同舷风相联的BL与BW正在超越A，而A也是右舷船，但行驶得慢一点。在船到达位置1前，BW已经从明显在后赶上了BL。

**问题1**

哪条规则适用于以下情况：

- BW与BL正在超越A时？
- 在位置2，BW在A下风变为相联后？

**答案1**

因为BW在到达位置1前已经从明显在后赶上了BL，所以，在整个事件的任何时候，规则17都不适用于BW与BL之间。

当BW与BL超越A时，规则12要求BL和BW避让A。因此，A对BL与BW而言都是障碍物。然而，定义障碍物中最后一句话说得很清楚，A不是连续障碍物。BL可以选择从A的任一侧通过［参见规则19.2（a）］。BL选择从A的下风通过。在BW处于BL与A之间且BW与BL两船还是明显在后于A的这段时间内，规则19.2（b）要求外侧船BL给予内侧船BW在其自身与障碍物A之间通过的空间。

当BW变成与A相联时，适用的规则发生了变化：BL与A变成相联，因为BW是A与BL之间的船（参见定义明显在后与明显在前；相联的第四句话）；规则12停止适用；BL与BW根据规则11获取了相对于A的航行权，所以A对BW和BL不再是障碍物，BL对BW和A而言变成了障碍物；开始时，规则15要求BL和BW给予A避让的空间；一旦她能够这样做时，规则19.2（b）要求A给予BW在A和BL之间的空间。

**问题2**

当一条船根据规则19.2（b）有权要求空间时，她需要呼喊空间吗？

**答案2**

不用。一条船根据规则19.2（b）有权要求空间时，她不需要呼喊空间，虽然呼喊是能避免误解的明智之举。

GBR 1977/6

# 案例42

删除

# 案例43

## 定义，明显在后与明显在前；相联

## 规则10，相对舷风

## 规则14，避免接触

## 规则19.2（b），通过障碍物的空间：在障碍物旁给予空间

*一条靠近并平行于障碍物、以左舷近迎风行驶的船必须避让另一条已经换至右舷并正以相撞的航线驶来的船。*

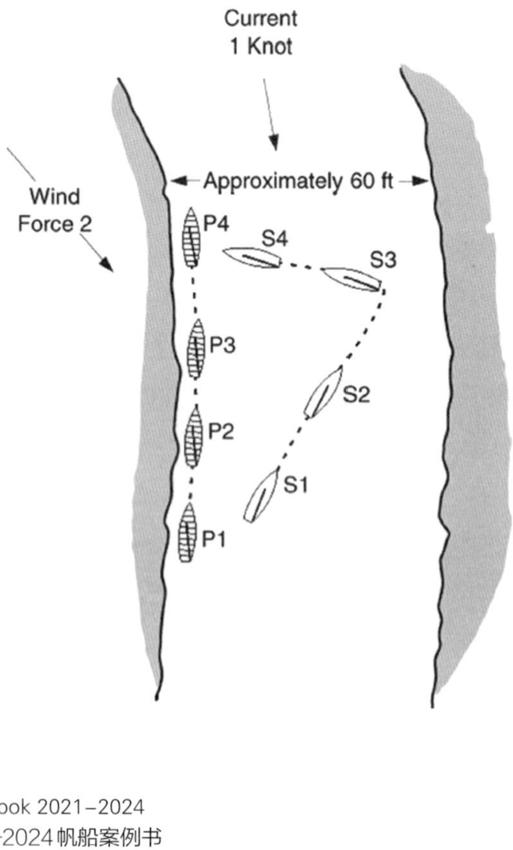

## 事实

P以左舷近迎风驶向河道上游，距河岸很近。S无法像P一样顶得那么高，被迫驶离河岸。然后，她迎风换至右舷并且立即向P呼喊“右舷”。P继续行驶，到达再迎偏就会碰到河岸、顺偏就会与S相撞的位置时，她向S呼喊空间。

## 问题

哪条规则适用?

## 答案

P受规则10的约束，必须避让。规则14还要求P尽可能避免接触。当S迎风换舷至右舷时就获得了相对于P的航行权，但她须遵守规则13和15。S在到达她的近迎风航线前，没有太靠近P换舷以迫使P做出躲避动作，S这样做符合规则13的要求。当S根据规则10获得了相对于P的航行权后，S遵守了规则15，于开始时就给予P避让空间。

规则19.2（b）不适用，因为S与P是相对舷风，两船同真风风向的角度都没有大于90°，所以在位置3与4时，两船并不是相联关系（参见定义明显在后与显明在前；相联的最后一句话）。规则20不适用，因为P与S不是同舷风船。所以，S不必回应P要求空间的呼喊去给予P空间。然而，在已经明了P不会避让后，规则14要求S在合理且可能的情况下避免与P接触。如果接触造成了损坏与受伤，则S有被取消资格的风险。

GBR 1978/5

# 案例44

## 规则5，约束组织机构和竞赛官员的规则

## 规则62，补偿

## 规则64.1（c），裁决：证据的标准，多数人的决定和请求的重新分类

*不允许一条船抗议竞赛委员会违反某条规则。但是，如果她试图这样做，她的“抗议”可能会符合请求补偿的要求，在这种情况下，抗议委员会须相应地进行处理。*

**事实**

在一场多级别赛事的航行细则中，细则18规定了起航线与一标的布设位置，使得第一航段为迎风行驶。竞赛委员会按此布设好并起航了一个级别后，风向逆时针偏转了55°。芬兰人级是下一个起航级别，但是一标无法移动，因为前一个级别仍在朝它驶去并且已经离它很近了。当芬兰人级起航时，没有一条船可以进行一次换舷就飞驰一标，但之后的风向继续向逆时针偏转，使得有些船可以做到。A抗议竞赛委员会，称根据规则5和规则的定义，细则18是一条规则，竞赛委员会违反了这条规则。

抗议委员会认同航线的第一航段已经不是航行细则所表述的“迎风”航段了。另一方面，就规则62.1（a）而言，没有证据能够表明由于第一航段不是“迎风”航段，而使得A因非自身失误，在一轮竞赛或系列赛中的得分或名次已经明显变差。抗议委员会裁定保持原竞赛成绩。

A上诉，称她的抗议并不是根据规则62.1（a）要求补偿，其抗议是基于竞赛委员会未能遵守航行细则18的简单事实，细则18是一条规则，并且根据规则5，竞赛委员会受规则的约束。抗议委员会的裁决是基于规则62.1（a）做出的，她认为这是错误的。她认为当未按规则进行比赛时，允许一轮竞赛有效是与规则5相悖的，也不应属于规则62.1（a）的范畴。

**裁决**

竞赛规则不允许竞赛委员会被抗议或被惩罚。但是，抗议委员会意识到A的无效“抗议”已经符合了规则62.1（a）和62.2规定的有效补偿要求的条件，并根据规则64.1（c）采取了正确的行动，对其进行了相应处理。经认定，没有证据表明A的得分或名次是因竞赛委员会的不当行为或疏忽而变差的。因此，A的上诉被驳回。

GBR 1978/8

# 案例45

## 定义，到达终点

## 规则62.1（a），补偿

## 规则64.3，裁决：补偿的决定

*当一条船因竞赛委员会的错误未能正确到达终点，但没有一条参与竞赛的船因此获利或失利时，适当且公平的补偿就是按所有船越过终点线的顺序记分。*

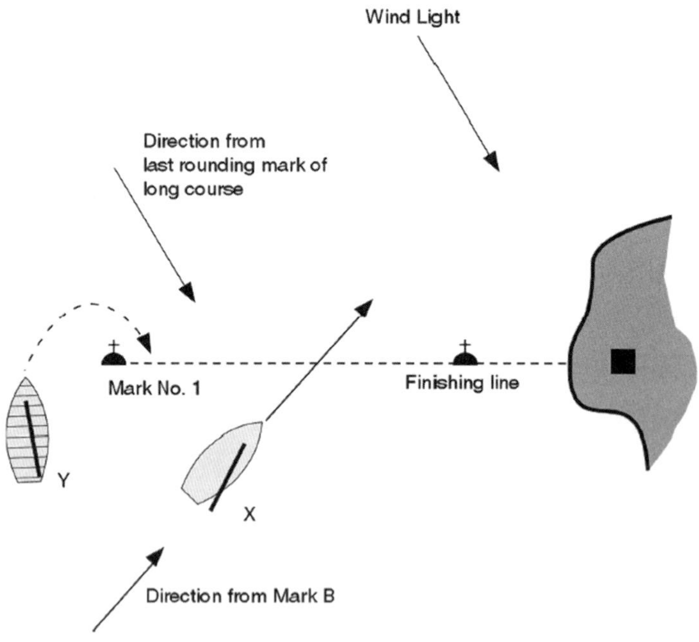


### 事实

在这一天，该级别进行了两轮竞赛。第一轮竞赛，船从右舷一侧离开一标然后到达终点，在这轮竞赛之后，风变小了。于是，竞赛官布设了第二个短一点的航线，并且公布了航行细则的更改，称尽管标志B是要绕行的最后一个标，但要以右舷一侧离开一标。同样的终点线也被用于另一轮仍使用较长航线、最后一个航段为顺风航段的竞赛，有人建议竞赛官不要布设这种可能导致不同的船从相反方向通过终点标或越过终点线的航线。

X与另外两条船以左舷一侧离开一标到达终点，被记为DNF。船群中的其他船跟随Y遵循航行细则的更改，以右舷一侧离开一标。所以她们“绕了一个圈”到达终点，如图所示。

X提出补偿要求，理由是竞赛委员会将第一名记给了Y时没有正确地适用到达终点的定义，而X才是按定义要求到达终点的第一条船。抗议委员会给予了补偿，同意X及另外两条船正确到达了终点，恢复她们在该轮竞赛中的成绩。对于那些未这样到达终点的船，抗议委员会根据规则64.3进行了自由裁量，“尽可能对所有受影响的船做出合理公平的安排”。抗议委员会根据所有船越过终点线的顺序调整了该轮竞赛的记分，不考虑她们越过终点线的方向。

X针对这一新的终点顺序上诉，称定义到达终点的措辞明确，指出这样的安排是无视定义且违背定义目的的，她认为该定义的目的就是要避免“绕圈”到达终点。

**裁决**

X的上诉被驳回。因为与到达终点的定义相悖的航行细则是无效的，发布这样的更改是竞赛委员会的不当行为，导致3条船根据规则62.1（a）考虑补偿。参加竞赛的船没有任何一条因竞赛委员会的错误而获利或失利，所以给予补偿是适当的。这也是规则64.3要求的，尽可能对所有受影响的船做出合理公平的安排。

GBR 1979/1

# 案例46

## 定义，正当航线

## 规则11，同舷风、相联

## 规则16.1，改变航线

## 规则17，同舷风；正当航线

*即使下风船在距离上风船两倍船长内从明显在后建立下风相联，下风船也有权迎风偏转到她的正当航线上去。*

事实

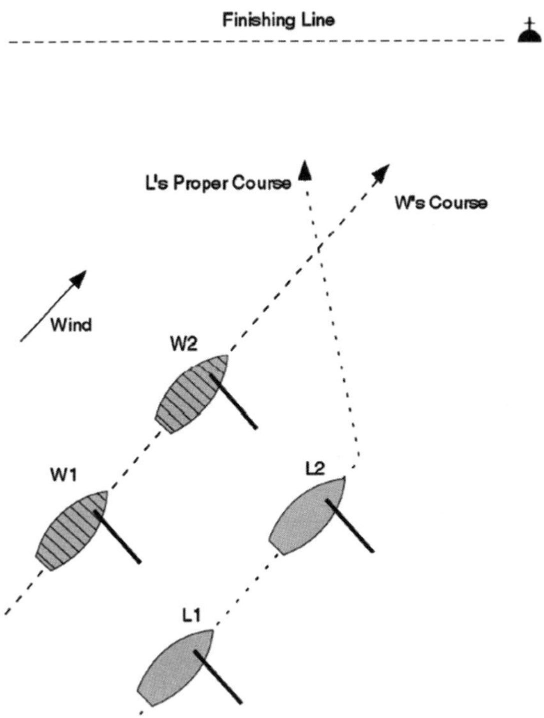

一段时间内，当明显在后的L在与W相距两倍船长内变为下风相联时，W几乎以正尾风直线驶向终点线的右端。如果没有W的存在，L将会行驶一条直指终点线的较高航线。为达此目的，她呼喊W向上行驶。没有得到回应。L再次呼喊并且迎风偏转至与W很近的位置，但W仍然没有回应。L停止了迎风偏转，并且在刚要发生接触前顺风偏转了。L根据规则11提出抗议。

抗议委员会认为没有足够的证据表明，W如果行驶一条较高航线就可以更早地到达终点。尽管上风船与下风船的航线可能有冲突，但当一条船从明显在后超越另一条船时，她没有权利迫使上风船高于其正当航线行驶。抗议被驳回，L上诉，理由是根据规则17，她有权迎风偏转到她的正当航线上去。

**裁决**

规则11规定，当同舷风的两条船相联时，上风船须避让。然而，下风船的行为要受规则16.1和17的限制。当L迎风偏转时，W有避让的空间，所以，L未违反规则16.1。抗议委员会虽然没有明说，但也认可L的正当航线是直指终点线的航线。直指终点线的航线并不只是距离近，还能使L行驶得更快。虽然L无权高于其正当航线行驶，但即使她在与W两倍船长距离内从明显在后建立相联，她也有权迎偏到她的正当航线上去。因此，她没有违反规则17。

W的正当航线与本事件适用的规则无关。她需要避让L。L迎风偏转时，她给予了W规则16.1所要求的避让空间。在L需要停止迎风偏转并顺偏以避免接触的那一刻，W

违反了规则11。所以，L胜诉，W因违反规则11而被取消资格。

USA 1979/224

# 案例47

## 规则2，公平航行

*知道自己是左舷船却故意呼喊“右舷”，这是不公平的行为，已经违反了规则2。*

**事实**

一左舷船上的一名有经验的舵手对一名新手呼喊“右舷”，这条被呼喊的船虽然是右舷，但是自己却不敢肯定，也许是害怕自己的船被撞破，她迎风换舷至左舷以避免接触。没有人提出抗议。

一些人认为，以这样的方式利用经验不足和缺乏规则知识是被允许的。另一些人反对这种观点，理由是以这种方式欺骗对手是完全违背规则精神的。

大家都知道这种花招经常被采用，特别是在有新手参加时。

**问题**

这种情况下，左舷船除了违反规则10外，还违反了规则2吗？

**回答**

一条船明知自己是左舷船却故意呼喊“右舷”，这行为是不公平的，违反了规则2。抗议委员会还可以考虑根据规则69采取行动。

GBR 1980/1

# 案例48

## 规则63.2，审理：审理的时间和地点；各方准备的时间

*竞赛规则第五章的目的是保护船不会受到不公正的对待，而不是为被抗议者提供可钻的空子。被抗议者有责任在审理前采取合理的行动来保护自己。*

**事实**

Y因为与X之间的事件而被X抗议了。Y被取消了竞赛资格，她提出上诉。

上诉称，与规则63.2相背，Y的代表只是在被通知出席审理时才知道要举行审理；在抗议室外他没有被允许阅读抗议书，而要求她在审理过程中阅读抗议书；他没有被给予准备辩护的合理时间。

抗议委员会针对该上诉做出了这样的解释：官方公告栏张贴了审理时间；X的抗议交到了竞赛办公室，在审理之前有一个小时可以索取查看；X的代表已经通知了Y的代表抗议已经递交；他没有做出任何准备辩护的努力；当抗议委员会、抗议另一方和证人都集合到位准备进行审理时，不得不把他从俱乐部餐厅传唤过来。

**裁决**

因抗议委员会所述的理由，Y的上诉被驳回。Y的代表知道他的船被抗议了。通过合理的行动来保护自己是他自

己的责任，这包括找到X的抗议书阅读，并具有足够的时间准备辩护。

GBR 1980/5

# 案例49

## 规则14，避免接触

## 规则19.2（b），通过障碍物的空间：在障碍物旁给予空间

## 规则23.2，妨碍另外一条船

## 规则43.1（b），免责

## 规则63.2，审理：审理的时间和地点；各方准备的时间

## 规则63.3，审理：出席权

*当两个抗议出自同一事件或紧密相连的事件时，应在涉及的全部船只代表都出席的情况下合并审理。*

**事实**

在五级风、中到大浪中，右舷近迎风行驶的S处在其正当航线上，与处于航线上另一航段上以左舷侧顺风相联行驶的PW和PL相会。尽管S为避碰而急速做出迎风偏转，S与PW的索具还是相碰了，但未产生损坏或受伤。

这一个事件产生了两个抗议，并且被分开审理。第一个抗议是S对PW，PW被根据规则10取消了资格。这个审理认定的事实中没有提到PL。在第二个PW与PL间抗议的审理中，PL称她知道S正与PW和PL相会，PW有可能需要PL给予她避免可能导致严重碰撞的空间，形势发展得很快。根据规则19.2（b），PL因没有给予PW她与被视为障

碍物的S之间的空间而被取消资格。PW针对她因违反规则10而被取消资格的裁决上诉。

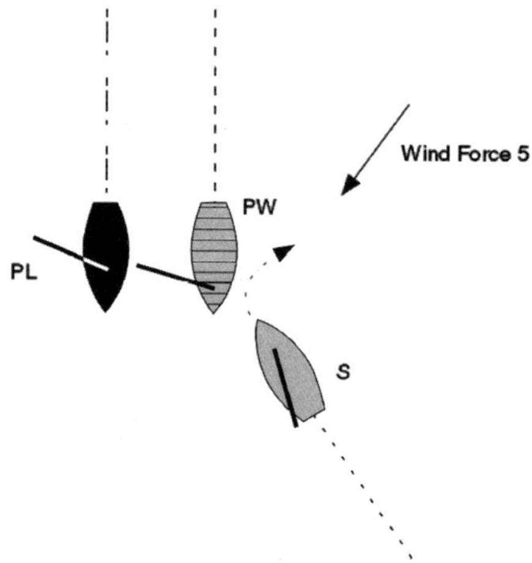


**裁决**

像本例这种情况，这两个抗议应按照规则63.2要求的那样，在涉及的所有船只代表都出席的情况下合并审理。这样可以保证像规则63.3要求的那样，她们都能听到向抗议委员会提供的有关该事件的所有证词。如果遵循了这一程序，抗议委员会就会知道PW与S的碰撞是由于PW未能顺风偏转而造成的，但这又是因为PL没有给予PW按照规则19.2（b）的要求去这样做的空间，因此，根据规则43.1（b），PW违反规则10的行为被免责。

S妨碍了处于另一航段上的PW，但S没有违反规则23.2，因为她正行驶在自己的正当航线上。

S和PW间产生了接触，但是她们都没有违反规则14，因为:（1）在PW不打算避让S这一情况变得明确后，S已经没有可能去避免接触了，（2）在PW明确PL不打算给予她有权要求的空间后，PW已经没有可能去避免接触了。

PW胜诉。因为根据规则43.1（b），PW违反规则10的行为被免责，恢复她原来的成绩。抗议委员会因PL违反规则19.2（b）而取消其资格的裁决是正确的。

GBR 1981/6

# 案例50

## 定义，避让

## 规则10，相对舷风

## 规则14，避免接触

*当抗议委员会认定在一次左右舷事件中，S没有改变航线并且从S方面来看不会有真实且合理的碰撞担忧，就应驳回她的抗议。当抗议委员会认定S的确改变了航线，并且有理由怀疑如果S不改变航线，P就不能从其船头通过，那么，P应被取消资格。*

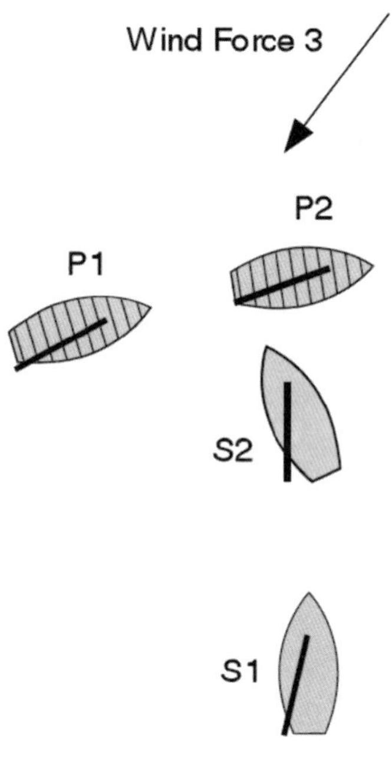

**事实**

在迎风航段上，P与S相遇并行驶在从S船头通过的航线上。S顺风偏转，展示抗议旗并向P呼喊她要抗议。两条船同是27英尺（8米）的龙骨船，风力是3级。

S根据规则10提出抗议，指出为避免与P碰撞，她不得不顺风偏转。抗议委员会驳回了S的抗议，并指出“当两船的舵手所提供的证词有矛盾时，就不能证实改变航线的必要性”。S上诉。

**裁决**

没发生碰撞但又根据规则10提出的抗议很普遍，抗议委员会在处理它们时的方法有很大区别。有些抗议委员会认为左舷船有责任，证明她本来能避开右舷船的事实确凿，即使右舷船的证词可信度很低。规则10中没有出现这类责任的表述。而其他抗议委员会不太愿意在未发生接触时认可规则10的抗议，除非右舷船能够最终证实如果她不改变航线的话将会发生接触。这两种方法都是不对的。

后来被抗议委员会认可的S提供的示意图表明她为避免接触做了顺风偏转。未被抗议委员会认可的P的示意图表明如果S不顺风偏转的话，她们刚好可以擦肩而过。P没有否认也没有确认S做了顺风偏转，但却说，如果她这样做了，也是没有必要的。

这种情况下，右舷船没有必要通过保持航向去碰撞左舷船来证实碰撞是不可避免的。进一步说，如果她这样做就会违反规则14。在抗议审理中，S必须证实要么若她保持原航线的话就会发生碰撞，要么P从船头通过的可能性是十分令人怀疑的，结论是S有足够的证据担心会发生碰撞，S不太可能“不需要采取躲避行动”（参见定义避让）。

P在她的辩护中必须提供足够证据来证实或者是S没有改变航线，或者是P可以从S船头安全通过，S无需采取躲避行动。在考虑了所有证据之后，如果抗议委员会认定S没有改变航线，或者从S方面来看不会有真实且合理的碰撞担忧，那么就应驳回她的抗议。然而，如果能证实S的确改变了航线，有合理理由怀疑P不能从船头通过，S通过顺风偏转采取避让行动来证实了这一点，那么就应取消P的资格。

根据本示意图及抗议委员会提供的报告中的事实，P能从S船头通过的可能性是非常令人质疑的。S胜诉，P被取消资格。

CAN 1981/58

# 案例51

## 规则11，同舷风、相联

## 规则43.1（a），免责

*当船因另一条船违反规则而被迫违反规则时，抗议委员会就必须认定在事件发生时其被免责。*

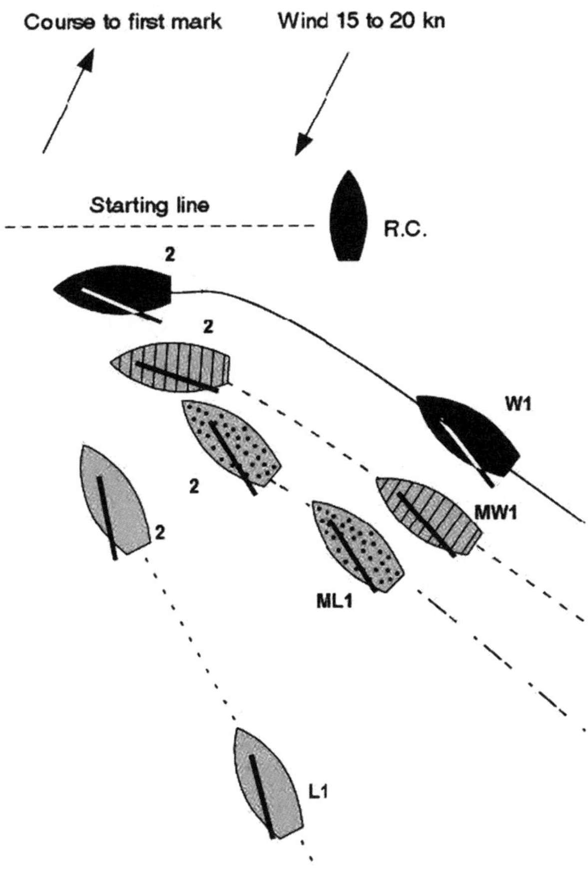

**事实**

图中显示了四条大船自起航信号前约30秒到起航信号前15秒时的轨迹。在位置2，MW被迫顺风偏转以避免与W相碰，紧接着，ML和L也被迫顺风偏转去躲避上风船。她们两两之间没有任何接触。如果W转到避让的航线她就会在起航信号前越过起航线。每条下风船都呼喊了上风船，并都向其上风船提出了抗议。

抗议委员会取消了W、MW和ML的资格，并针对中间的船提出如下理由以证明其裁决的正确性："如果不这样做就会限制规则11的效力，因为那样的话，除最上风的船外，所有其他船都将被免于取消资格"。MW和ML上诉。

**裁决**

两船都胜诉。MW和ML被恢复原名次。这两条船通过呼喊试图避免不得不进行的顺偏，她们在必须这样做以避免与紧邻其上风的船接触之前都没有进行顺风偏转。规则14要求她们如果"合理可能"的话要避免接触，而她们遵守了该规则。两船都违反了规则11，但她们都是因W违反规则11而被迫违反规则的。因此，根据规则43.1（a），在事件发生时两船均免责。

USA 1950/37

# 案例52

## 规则16.1，改变航线

*规则16.1没有限制避让船的航线。将另一条船从起航线驱赶出去的航行操作并不一定违反本规则。*

### 事实

起航信号前，A和B以横风驶离起航线。速度快的A超过B，并且在位置3时明显在前于B。A在位置4迎风偏转向上至近迎风，打算迎风换舷返回起航线，但是她发现B也迎风偏转了，进入了如果A迎风换舷就会立刻发生碰撞的位置。后来，A顺风偏转换舷，但是发现B又顺风偏转了，进入了如果顺风换舷就会发生碰撞的位置。最后，B顺风换舷并向起航线驶去，将A抛到了后面。

A根据规则16.1抗议B，称她在进行避让时受到了妨碍。抗议委员会取消了B的资格。B提出上诉，强调她受到质疑的航行操作是在以合法手段将另一名选手从起航线驱赶出去。

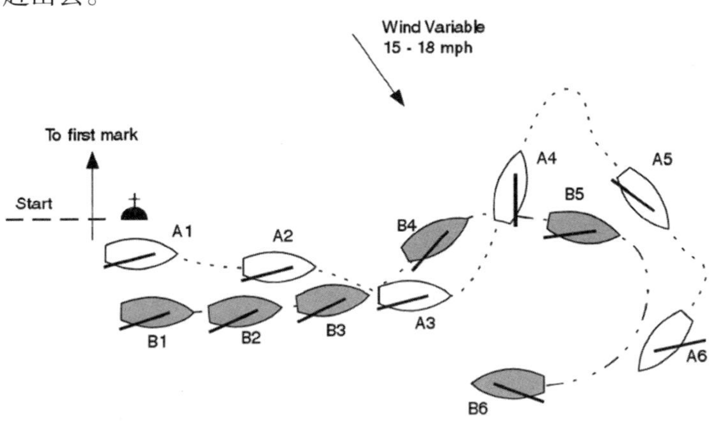

**裁决**

B胜诉并被恢复成绩。B的行为在对抗赛和队赛中是典型的航行操作，用来使自己获得相对于另一名选手更有利的起航位置。有一个基本点就是规则16.1只适用于航行权船，而B在位置3与4时都不是航行权船。

在位置4，B是上风船，必须根据规则11去避让，但A也不能迎风换舷，否则就违反规则13。在位置5，B变成下风船，拥有了规则11所给予的航行权。如果A顺风换舷至右舷，A就会受制于规则15，如果她在处于右舷后改变航线，则会受制于规则16.1。事实表明两船都没有违反规则。

USA 1955/63

# 案例53

## 规则11，同舷风、相联

## 规则15，获取航行权

*明显在前的船在被明显在后的船下风相联之前，无需采取任何行动去避让。*

**事实**

起航信号前30秒，正在飘帆的W几乎没有前进速度。在与W变成下风相联前，L在相距W至少三倍船长处呼喊“下风船”。W没有采取任何避让措施。刚刚变成相联后，L就不得不顺风偏转以避免与W接触；同时，W开始收帆

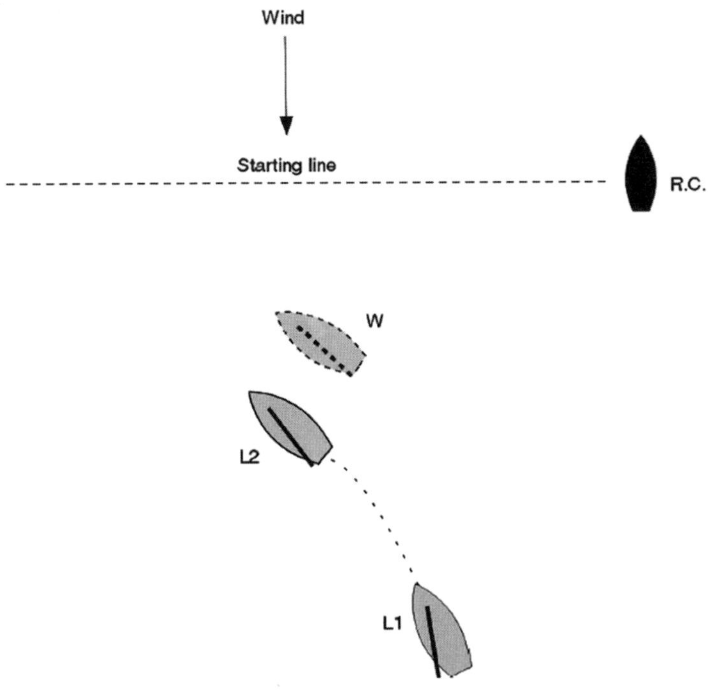

向上风行驶。L提出抗议。抗议委员会认定W已经得到了情况迫近的足够警告，但是没有避让下风船，所以违反了规则11。W上诉并提问：“根据规则11和15，W预计两船变为相联的程度，必须要自己达到足够的速度以能够立即做出回应吗？”

**裁决**

当权利和义务在两船之间出现转换时，规则15允许新履行义务的船要有“避让的空间”，并允许该船有足够的反应时间。本条规则未要求明显在前的船在明显在后的船从其下风变成相联前把自己当作上风船去采取措施避让。

如果L不立即进行顺风偏转就会违反规则15。在L从W下风变为相联后，W立即收帆向上行驶，然后避让。通过这些措施，W履行了规则11赋予的义务。W胜诉；两船都没有违反规则。恢复W的成绩。

USA 1969/126

# 案例54

## 规则20，障碍物旁迎风换舷的空间

*有关规则20要求的关于呼喊、信号及其时机的解释。*

**事实**

A以左舷近迎风朝一个她必须迎风换舷去躲避的障碍物驶去。B以近迎风在上风一倍船长并落后A一倍船长处行驶。A向B呼喊迎风换舷的空间。

**问题1**

当A驶近障碍物时，多久以后她有权呼喊迎风换舷的空间?

**答案1**

A为了安全地躲避障碍物，可以在她需要开始进行规则20所描述的过程时呼喊迎风换舷的空间。在当时情况下，她可以在做以下这些动作时有足够时间的情况下呼喊:

- 向B呼喊迎风换舷空间，如果有呼喊可能无法听到的情况，就发出表明她需要迎风换舷空间的信号;
- 若B没有回应，重复该程序;
- 给B回应的时间（参见下面的答案2）;
- 给那些必须回应A所需换舷空间的其他船时间（参见案例113）；以及
- 在被呼喊的船回应后，她自己以正常的航行操作完成迎风换舷，然后避开障碍物。

**问题2**

B必须得以多快做出回应?

**答案2**

当A明显在接近需要迎风换舷空间的障碍物时，B必须对情况保持警觉，并预判A有可能呼喊。预判是需要的，因为规则20.2（c）要求B做出回应，要么立即回应“你迎风换舷”，要么尽快迎风换舷。如果B没有立即呼喊“你迎风换舷”，A必须给B以能胜任但非专家级的船员在当时的条件下准备好并尽可能快地以正常航行操作完成其迎风换舷的时间。

**问题3**

如果B没有对A的呼喊做出回应，A应该怎么做?

**答案3**

规则只要求呼喊一次，但如果情况允许，发出额外的信号。但是，如果时间允许，A的明智做法是重复这个过程。B没有回应并不意味着A必须保持航线。如果需要，A应该以最安全的方式避开障碍物，这可能包括迎风偏转至正顶风或顺风偏转。如果B没有按规则20.2（c）的要求做出回应，那么，A可以提出抗议。

**问题4**

A怎样就构成了规则20要求的呼喊?

**答案4**

与规则20.2（c）不同，规则20.1没有要求A在呼喊中使用特定措辞，但是为了符合规则的要求，所用措辞必须清楚表达出A要求迎风换舷空间的意思。呼喊必须直接面向B，而且要声音响亮，以使B在当时条件下听到。呼喊最初是口头信号，但是，当口头信号可能听不见时，规则20.4（a）要求发出额外的信号，以吸引对方关注到其呼喊，比如说，肢体动作、口哨或是号角信号，或者如果是晚上，还可以有灯光信号。如果船在竞赛时要求守听特定的无线电频道，那么也可以通过这个无线电频道进行呼喊。但是，如果竞赛通知规定了替代的沟通方式，呼喊船须使用这种方式［参见规则20.4（b）］。

这些对呼喊的要求同样适用于回应“你迎风换舷”的B。

GBR 2016/2

# 案例55

## 撤回修订

撤回案例55的原因：新规则64.1（c）以及规则63.1的最后一句要求抗议委员会审理A的抗议。此外，B的上诉不应得到国家和地区管理机构的审理，因为根据规则70.1（a），这是一个无效上诉。该案例包含有价值的材料，但是需要进一步修订，以使本例中所有的规则解释都是正确的。

# 案例56

删除

# 案例57

## 规则60.2，抗议的权利；要求补偿的权利或规则69的行动

## 规则78，遵守级别规则；证书

*当船东根据规则78.1的要求，诚意递交了时下正当有效的证书时，一轮竞赛或系列赛的最终成绩必须有效，即使该证书之后被撤销。*

**事实**

A和B是夏季长系列赛评分制比赛中的两条船。该比赛结束后，B因竞赛委员会在整个系列赛中使用了A不正确的等级证书而要求补偿。补偿要求提出后，评级机构确认，早在几年前对A进行第一次船体丈量时，在其证书中出现了未被察觉的错误，这是由评级机构的错误造成的。B称竞赛委员会应该对A提出抗议。

抗议委员会认定A的船东对评分中出现的错误并不负有责任，也没有证据能够表明她违反了规则78.1。裁决的结果是，该错误或仍存在的未被发现的错误并不是因竞赛委员会的行为或疏忽造成的，所以B无权要求补偿。抗议委员会要求根据规则70.2对其裁决进行确认或更正。

**裁决**

抗议委员会的裁决得到了确认。B指出竞赛委员会没有对A抗议是对她和本级别其他船不公平的。然而，根据规则60.2（a），竞赛委员会的抗议权利显然应当是自主而不受强制的。此外，本例中关于A证书错误的报告是在系

列赛完成后提交的，报告来自国家评级机构，组织机构和竞赛委员会对此都没有管理权。

当发现一份有效的证书有错误时，签发该证书的管理机构可以撤回它，但事后不得就已经完成的系列赛或正在进行的系列赛中已完成的轮次采取追溯行动。所以，如果一份时下正当有效的证书被诚意地递交上来，一轮竞赛或系列赛完成时，即使之后的某一天该证书被撤回，这轮竞赛或系列赛的成绩也必须有效。

GBR 1983/1

# 案例58

## 定义，到达终点

## 定义，标志

## 规则28.1，行驶竞赛航线

*如果航行细则中规定在终点线后面一侧的浮标或其他物体是终点线的限制标，那么船可以从其任何一侧离开。*

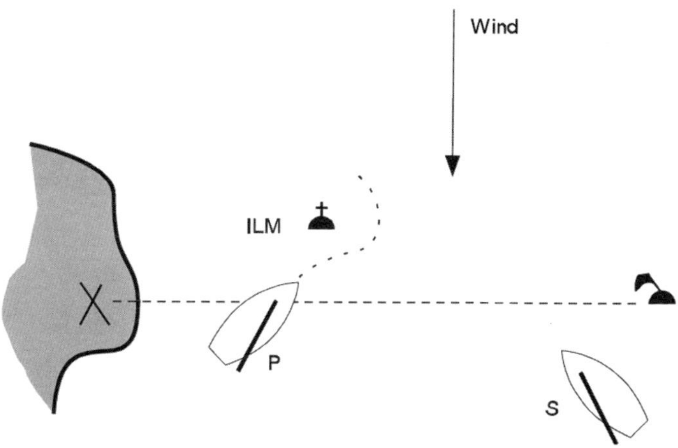


### 事实

航行细则规定终点线位于岸上一桅杆与一个标志之间，并设有一个需左舷一侧离开的内侧限制标。出问题的这一天，内侧限制标布在了终点线后面。P越过终点线，然后如图所示绕过了内侧限制标。竞赛官在她绕过限制标之前，其船头越过终点线时记录了她到达终点的时间。

S要求补偿，理由是竞赛官错误地在P完成航线前就记录她为到达终点。抗议委员会没有给予S补偿，并根据规则70.2提交其裁决进行确认或更正。

**裁决**

抗议委员会的裁决得到了确认。规则28.1指出：一条船“可以在不具有标示所行驶航段的起始、边界或结束功能的标志的任意一侧离开”。因内侧限制标在终点线之外，不是“界定”或“终结”该航线的最后一个航段的标志。只有当限制标在终点线上或在终点线的航线一侧时，船才必须在到达终点前或到达终点时从其规定的一侧离开。竞赛官在P越过终点线时记录她到达终点的时间是正确的。

GBR 1983/5

# 案例59

## 规则18.2（a），绕标空间：给予绕标空间

## 规则18.2（b），绕标空间：给予绕标空间

*当一条船来到与标志齐平但又在标区外时，并且，当她向标志方向的航线改变导致另一条处于标区内且原本明显在后的船变为与她内侧相联时，规则18.2（a）要求她给予那条船绕标空间，不论她到标志的距离是否是由于给予其他内侧相联船绕标空间所产生的。*

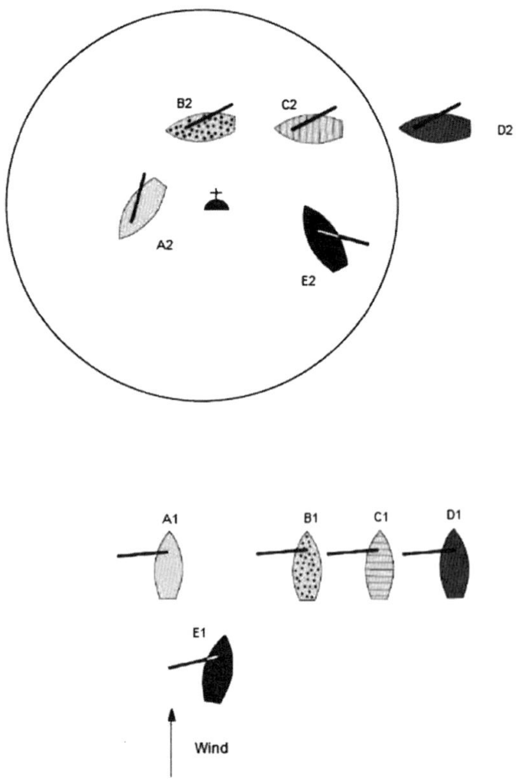

## 事实

五条船以正尾风向须以左舷一侧离开的下风标驶去。其中的四条船并排相联，A是其中距标志最近的船。当A、B和C到达标区时，第五条船E明显在后于这三条船。当D来到与标志齐平的位置并转向绕标时，E变成了与D内侧相联的船。这发生在E已经到达标区之后，D到达标区之前。E在A、B和C后面绕标，但却在D的内侧，D能够给予E绕标空间。

## 问题

E有权根据规则18.2（a）向D要求绕标空间吗？

## 答案

有权。因为E在A、B和C到达标区时明显在后于她们，规则18.2（b）要求她给予她们每一条船绕标空间。然而，E和D之间的关系却发生了变化。为了给予内侧三条帆杆完全探出的船空间，D不得不以一条使得自己齐平于标志、处于标区之外的航线来驶近标志。当E到达标区时，她明显在后于D，但D还在标区外。所以规则18.2（b）在D与E之间不适用。当D改变航线朝向标志时，E获得了内侧相联，规则18.2（a）在D与E之间开始适用。E有权根据该规则向D要求绕标空间，D也能够给予该空间。

USA 1982/250

# 案例60

撤回修订

# 案例61

## 规则71.4，国家和地区管理机构的裁决

## 规则90，竞赛委员会；航行细则；计分

*当抗议委员会的裁决经上诉后被更改或推翻时，最终名次和奖励必须做出相应调整。*

**问题**

竞赛通知或航行细则中是否可以规定，如果上诉权没被驳回，最终名次和奖励将不受任何上诉裁决的影响？

**答案**

不可以。规则86.1禁止在竞赛通知或航行细则中对规则70、71和90的任何部分进行更改。上诉不仅涉及对规则含义的争论所做出的裁决，还包括当改变或撤销抗议委员会的裁决时，该轮竞赛成绩和依据竞赛最终名次所颁发奖项的调整。规则71.4规定国家和地区管理机构的裁决是最终裁决，规则90.3（d）要求竞赛委员会根据国家和地区管理机构的裁决进行成绩更改。此外，奖励的分配也必须适当调整。

规则90.3（e）允许竞赛通知限制赛事结束后的计分更改。但是，该条规则清晰地规定，即使这条规则适用，因上诉而产生的更改必须被执行。

USA 1983/252

# 案例62

删除

# 案例63

## 定义，绕标空间

## 规则18.2（b），绕标空间：给予绕标空间

## 规则18.2（c）（2），绕标空间：给予绕标空间

## 规则43.1（b），免责

*在标旁，当没有权利要求空间的船具有了空间，她可以自己承担风险来利用该空间。*

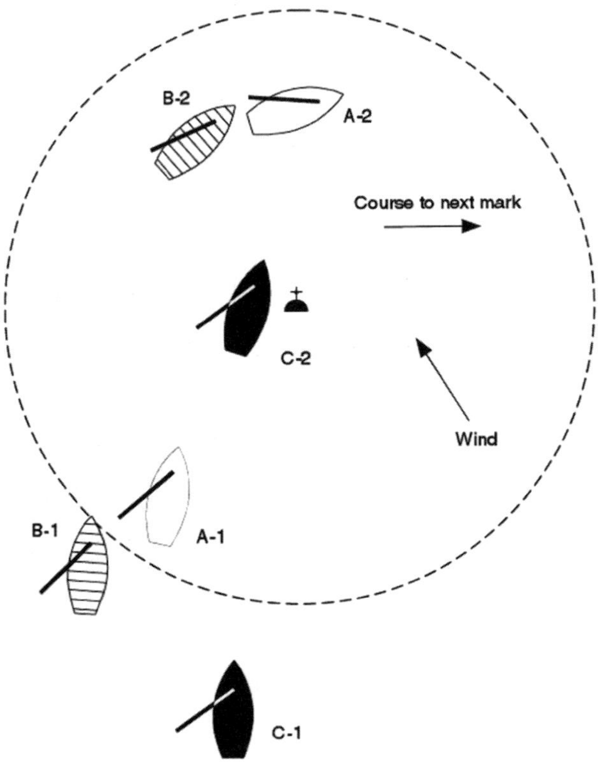

**事实**

侧顺风行驶的A和B将要右舷离开标志，B是外侧相联船。C在后面较远的位置。A大约在标志下风一倍船长处通过，B也是如此，给C留出了从她们内侧绕标的足够空间。B因位于A外侧，无法否决给C留出的那个空间，并且在该事件中从未行驶至会引起与C碰撞的航线。没有发生接触。B抗议C。

下一航段是以右舷后迎风驶向下一标的航线（见图中至下一标的方向）。

抗议委员会驳回了B的抗议并指出，C在通过B和标志之间时没有违反任何规则，也没使B去采取躲避动作或妨碍B进行迎风偏转。B上诉，理由是C的行为妨碍了她去实施计划中的操作，即通过顺风偏转减速后收帆迎偏上去从A的船尾通过，这样就可剥夺C从内侧通过的空间。

**裁决**

B的上诉被驳回。

规则12（之后是规则11）要求C避让B。当B在位置1到达标区时，明显在前于C，所以，规则18.2（b）要求C给予B绕标空间。C遵守了这些规则。

C与B变成内侧相联后，C还要根据规则18.2（c）（2）的要求给予B行驶其正当航线的空间。然而，因为B在A的外侧相联，B受到了A的妨碍，无法更加靠近标志行驶。因此给C留出了在不妨碍B行驶其正当航线的情况下、从B与标志之间通过的足够空间。所以，C没有违反规则18.2（c）（2）。

当一条船自愿或不经意地给另一条没有权利获得空间

的船留出了在她和标志之间的空间，这另一条船可以自己承担风险利用该空间。她所冒的风险是有权获得绕标空间的船在行驶正当航线时有可能关闭她与标志间的空间。本例中，有权获得绕标空间的船如果违反了规则A节或15或16，则将会依规则43.1（b）被免责。如果她以快速和带有进攻性的动作尝试关闭她与标志间的空间，只有规则14会限制她的航线。

GBR 1984/1

# 案例64

删除

# 案例65

## 体育道德与规则

## 规则2，公平航行

## 规则30.4，起航惩罚：黑旗规则

## 规则69.2，品行不端：抗议委员会的行动

*当一条船意识到自己已经违反了黑旗规则时，她有义务迅即退出竞赛。如果她没有这样做，之后在本轮竞赛中有意妨碍另一条船，她就构成严重违反体育道德和规则2，她的舵手构成品行不端。*

**事实**

第四轮竞赛起航时，A明显地处在起航线的航线一侧，距离起航线约三至四倍船长。规则30.4生效，所以，竞赛委员会无须审理取消了她的资格。A虽然知道她在起航信号时过线了，但仍继续竞赛，并且在第一个迎风段的前半程对B进行了阻挡。B抗议A违反了规则2。

抗议委员会确认A因违反规则30.4而被取消资格。抗议委员会还裁定了A在知道自己违反了规则30.4时，仍继续竞赛并阻挡B，A违反了规则2。根据规则2的要求，对她的惩罚是不能去掉的取消资格。当天晚些时候，根据规则69.2，抗议委员会召集审理并指控A的舵手妨碍B的行为构成了品行不端。抗议委员会裁定该舵手的行为的确构成品行不端，他已经违反了规则69.1（a）。A的舵手被罚出，并取消A系列赛所有轮次的资格。A针对抗议委员会的裁决

提出上诉。

**裁决**

A的上诉被驳回。

A因违反规则30.4被取消第四轮资格是正确的。抗议委员会所认定的事实是A的舵手知道起航信号发出时自己已经处于起航线的航线一侧，她已经违反了规则30.4，所以她已经被取消资格；她在该轮竞赛中严重妨碍了另一条船。选手已经知道自己被取消了资格却故意去妨碍另一条船显然违反了体育道德和规则2（参见体育道德与规则）。抗议委员会根据规则69.2召集审理是正当的，根据规则69.2（h）将A舵手罚出并取消A在系列赛中所有轮次的资格也是正确的。抗议委员会还可根据规则60.3（b）召集审理，考虑对B进行补偿［参见规则62.1（d）］。

GBR 1984/7

# 案例66

删除

**删除案例66的原因：** 新规则90.3（d）使得本例已成非必要。

# 案例67

## 第二章　前言

## 规则69.2，品行不端：抗议委员会所采取的行动

*当正在竞赛的船与不参加竞赛的船舶相遇时，两者都受政府航行权规则约束。根据这些规则，需避让的竞赛船却有意碰触另一条船时，她的舵手就构成了品行不端。*

**事实**

根据适用的政府航行权规则，正在竞赛的W需避让一条正在下风航行的非竞赛船只L。W希望以一条较低的航线驶向标志并向L呼喊，L拒绝做出回应。之后，W有意几次向外推帆杆去碰撞L，因此造成了损坏。

L向竞赛委员会通报了W的行为。竞赛委员会抗议了W，审理被召集进行。W因违反规则11和14被取消资格。W提出上诉，理由是竞赛规则不适用，所以抗议委员会无权取消她的资格。

**裁决**

W的上诉被驳回。竞赛规则第二章前言清楚地规定，当W与L相遇时，W需遵守政府航行权规则。进一步说，W还受规则第二章之外的其他竞赛规则约束。W未遵守政府规则并且故意碰撞L，使L造成损坏，她的舵手构成了品行不端的行为［参见规则69.1（b）（1）和69.1（b）（2）］。

抗议委员会的裁决得到认可，但W被取消资格，依据

的是适用的政府规定而不是竞赛规则11或14。这些都是第二章里的规则，只适用于两条在准备竞赛、正在竞赛或已经在竞赛的船。W的行为还构成了品行不端，所以抗议委员会有权根据规则69.2召集审理。

NED 2/1982

# 案例68

## 定义，竞赛

## 第二章，前言

## 规则62.1（a），补偿

*竞赛委员会未能发现一份评级证书是无效的并不能成为该船要求补偿的理由。一条可能已经违反规则并且继续竞赛的船仍有竞赛规则赋予她的权利，包括规则第二章赋予她的权利，以及抗议和上诉的权利，即使她之后被取消资格。*

**事实**

在一轮长距离竞赛中，A根据规则第二章抗议B，B被取消资格。

B要求补偿。她称从之前一轮竞赛后的一次抗议审理得知，A的评级证书未经过复审，因此没有资格参加长距离竞赛。B进一步指出，因A参加该竞赛时是没有资格的，那么她就不是正在竞赛的船；因此，B没有理由接受惩罚或退出竞赛，A也没有权利根据规则60.1提出抗议。

抗议委员会驳回了B的补偿要求，称A的评级证书未经过复审确认并不能改变她正依照定义的术语进行竞赛的这个事实，所以她有权获得规则第二章赋予的权利和根据规则60.1提出抗议的权利。B上诉。

**裁决**

B的上诉被驳回。竞赛委员会未能发现A的评级证书无效并阻止其参加竞赛，并不是规则62.1（a）所指的造成B终点名次变差的竞赛委员会的疏忽。所以，抗议委员会正确地驳回了B的补偿要求。

A是在其准备信号前“准备竞赛”并且在后来“正在竞赛”的船。规则第二章对她及其他所有正在竞赛的船都适用（见第二章前言）。体育道德的原则要求一条船意识到自己违反了规则后做解脱，但是如果她继续竞赛，她仍保有竞赛规则赋予她的权利，包括规则第二章赋予她的权利，以及抗议和上诉的权利。规则第二章约束所有正在竞赛的船，不管她们中是否有后来因某种原因被取消资格的。

CAN 1978/40

# 案例69

## 规则42.1，推进：基本规则

*准备信号前由于发动机推进的结果而使船在准备信号后产生了运动，并不违反规则42.1。*

**事实**

在1～2节风力的平静海面上，在快发准备信号时一条船带着机器动力以5～6节的船速进入起航区域。准备信号发出时她以同样的速度运动，但是已经关掉了机器。在起航信号之前2.5分钟时她升起了帆，船速降到了2节。

**问题**

她违反了规则42.1吗？

**答案**

没有。一条船在她的准备信号发出时开始竞赛。在竞赛期间，她按规则42.1的要求利用风作为动力来源。她的运动还来自她在开始竞赛前由推动她前进的发动机所产生的动力。没有规则要求一条船在开始竞赛时要处于某种特殊的运动或非运动状态。因此，她没有违反规则42.1。

USA 1986/269

# 案例70

撤回修订

**撤回案例70的原因：**事实的描述与示意图不一致。裁决应改写，去解释一条船在W的位置上的“正常航行操作”的航线是什么。那个解释将是全新且重要的，根据世界帆联规章，需要得到世界帆联规则委员会的批准。

# 案例71

撤回修订

**撤回案例71的原因：**现存的案例对展示X旗时发出一声音响的要求作出了有价值的解释。但是，该案例有模棱两可的地方并且对有关音响信号要求的解释过于复杂。

# 案例72

## 规则61.1（a），对抗议的要求：通知被抗议人

*对“旗”一词的讨论。*

**问题**

怎样检验一个物体是否是规则61.1（a）中所指的旗？

**回答**

在规则61.1（a）的内容中，旗是用来交流信息“我要抗议”的。只有用作旗的物品表达此意思时几乎不会或只有很小的可能性给竞赛船造成混淆时，这个物品才是一个合格的旗。使用的旗必须首先看起来像一面旗。

USA 1988/277

# 案例73

## 规则2，公平航行

## 规则11，同舷风、相联

*当L的船员故意地探出来碰触W且该行为的唯一目的是使W违反规则11时，L就违反了规则2。*

**事实**

右舷受风并相联的W和L迎风驶向上风标。L船上正挂在吊索上压舷的船员故意地用手碰触W的甲板并呼喊W应退出竞赛。L抗议W。抗议委员会根据规则11取消了W的资格，她提出上诉。

**裁决**

W胜诉，恢复其原名次。因为L可以在不必采取躲避动作的情况下行驶其正当航线，并且如果L向两个方向上的任一方向改变航线都不会有立即发生接触的风险，W是在避让L，因此，W没有违反规则11。L船上船员故意行为的唯一目的是使W被取消资格，L违反了规则2。L因违反规则2被判罚，因此，她的记分被更改为“不能去掉的取消资格”。

GBR 1971/6

# 案例74

## 规则2，公平航行

## 规则11，同舷风、相联

*没有规定下风船的舵手或船员必须怎样坐着的规则。除非舵手或船员有意地坐在不当的位置上，否则与上风船接触不违反规则2。*

**事实**

W以亚滑行状态在近横风航线上超越L。L略微进行迎风偏转，舵手的后背恰好碰到了W侧支索前侧的位置。此时，船体之间相距一臂之长。两船都没有解脱。W根据规则2对L提出抗议。抗议委员会根据规则2判罚了L，指出W满帆时的调帆是正确的，她的船员坐在下风侧支索旁。它进一步说道："只有L的舵手将身体打开坐平时才会发生接触"。在当时的情况下，这明显超出了所需的正常航行位置。L上诉。

**裁决**

L胜诉，恢复L的原名次并根据规则11取消W的资格。在案例73中，L的船员显然是为了抗议W并将她从比赛中罚出而故意触碰她。本例中，L没有这种故意行为。没有规则规定一条船的舵手或船员必须怎样坐，在没有故意利用自己所坐位置的情况下，并不违反规则2。

GBR 1993/2

# 案例75

## 定义，正当航线

## 规则10，相对舷风

## 规则14，避免接触

## 规则16.1，改变航线

## 规则18.2（b），绕标空间：给予绕标空间

## 规则18.4，绕标空间：顺风换舷

*当规则18适用时，A节与B节的规则也适用。当内侧相联的航行权船必须在标旁顺风换舷时，她有权行驶自己的正当航线直到其顺风换舷。如果右舷船给予了左舷船足够的避让空间，左舷船没有迅即利用这个空间，右舷船的改变航线不违反规则16.1。*

**事实**

S和P以正尾风驶向将需左舷离开的下风标。她们已经相联行驶了几倍船长，S为内侧船，并且略在前一点。当S进入标区时，她迎风偏转。当S的船头与标志齐平时她顺风偏转去完成顺风换舷，这时发生了接触，但没有损坏或受伤。S以规则10抗议P，而P以规则18抗议S。

抗议委员会因P违反规则10而取消了她的资格。P上诉，坚持说她已经给予了S绕标空间，是S违反了规则18.4。

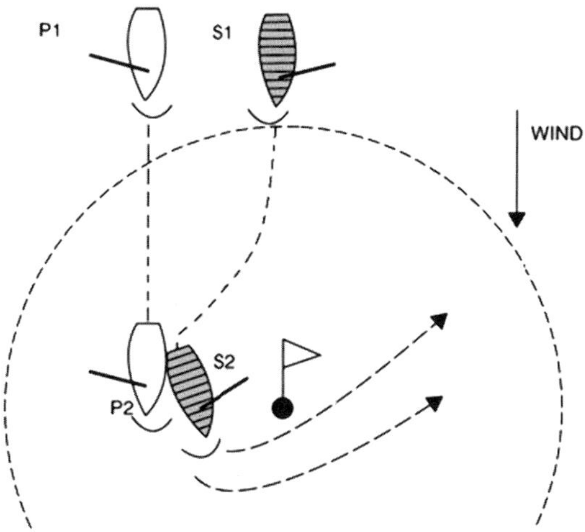


**裁决**

在位置1，S抵达标区，规则18.2（b）要求P接下来要给予S绕标空间。此外，规则10要求P避让S，直到S完成顺风换舷。当S迎风偏转时，规则16.1要求她给予P避让的空间，规则18.4也要求S在顺风换舷前，其驶离标志的距离不得远于她行驶正当航线所需的距离。P所需给予S的绕标空间是S在当时条件下以正常的航行操作方式迅即驶向标志所需的空间。那个空间是从S1到标志规定的一侧，靠近标并沿标行驶的一个直接通道。P给予了S这个空间。然而，因为S有航行权，她不必留在那个通道内；只要遵守了规则16.1与18.4，就允许她行驶任何航线。

在向前行驶约三倍船长距离期间，S慢慢迎风偏转了约45°，P没有做出避让的努力。刚好在位置2之前，S需要采取措施去躲避P。在那一刻，P违反了规则10。当S在位置1后迎风偏转时，如果P迅即采取行动，她是有空间以正常的航行操作避让S的。因此，S没有违反规则16.1。

当S刚过位置2做顺风换舷时，她离标志的距离并没有大于行驶正当航线的需要。确实，若没有P（定义正当航线中“提到”的船），S的正当航线可能会离标更远并比实际上更高，以便进行顺滑快速的绕标并避免受到其他领先船的回风或挡风影响。所以S没有违反规则18.4。

关于规则14，两船都违反了该规则，因为有接触并且有“合理的可能”认为两船都能够避免接触。因此，P因违反规则14及规则10被取消资格。然而，因为发生接触时S是有航行权的船并且未造成损坏或受伤，所以对S免责［参见规则43.1（c）］。

P的上诉被驳回，取消她的资格是正确的，S的行为不构成对她进行惩罚。

USA 1976/195

# 案例76

撤回修订

# 案例77

## 定义，避让

## 规则12，同舷风、不相联

## 规则14，避免接触

## 规则31，碰标

*船的器材碰到标志就构成碰标。负有避让义务的船如果被一条航行权船上意外移动到非正常位置的器材所碰触，她并不犯规。*

**事实**

A和B升着球帆顺风行驶达下风标。A明显先于B绕过标志。A在降球帆时遇到了困难，当她进入近迎风航线时，她的球帆缭绳拖在船后约30英尺（9米）处，并且触碰到了标志的水上部分。后来，当标志在B后面约5倍船长时，两船都以左舷行驶在近迎风航线上，B在A后面20英尺（6米）处。A的球帆操作仍有困难，她的球帆顶角意外飘到了船的后面并碰到了B的前支索。

**问题**

本事件过程中，哪些规则适用？是否有船违反了规则？

**答案**

当A的球帆缭绳触碰到标志时，她违反了规则31。当船的船体、船员或装备的任何部分与标志发生接触时都是规则31中所说的碰标。由于航行操作或操帆时遇到困难而造成其器材与标志接触的这一事实不能成为其犯规的借口。

当之后两船发生接触时，规则18不再适用。因A的球帆不在其正常位置上，两船不相联，所以规则12适用。该规则要求B避让A，她也这样做了，因为B所做的与未能做的都不需要A“采取躲避行动”（参见定义避让）。这一点已经被事实所示，即她们之间的接触完全是因A的器材意外地超出正常位置所造成的。因此，B没有违反规则12。

规则14也适用。A因造成了本来可以避免的接触而违反规则14。然而，因没有造成损坏或受伤，A被免责［参见规则43.1（c）］。B没有合理的可能去避免与A拖在船尾的球帆相接触，因此，B没有违反规则14。

请注意，案例91也描述了一个涉及器材超出正常位置的事件。

USA 1980/232

# 案例78

## 规则2，公平航行

## 规则41，外部援助

## 规则69.1（a），品行不端：不做品行不端的事的义务；解决方法

*无论是统一设计级或是采用某种让分制或评级制的群发赛，一条船可以采用战术来明显干扰或阻碍另一条船的比赛进程，前提是她若被以规则2抗议，抗议委员会能确定她所使用的战术确实有机会使自己在赛事中的最后排名受益，或使自己有机会获得另一项赛事或其国家队的选拔出线权。但是，如果她在使用这些战术时有意违反规则，她就违反了规则2，可能还有规则69.1（a）。*

**问题1的事实**

在一轮统一设计级的群发赛中，A利用战术明显干扰与阻碍了B的比赛进程。在利用这些战术时，除了有可能违反规则2或69.1（a）外，A没有违反其他规则。B根据规则2抗议A。

**问题1**

在下面的哪种情况下，会认为A的战术是有悖体育道德和违反规则2或69.1（a）的？

（a）抗议委员会认定A有合理的机会通过战术使她在赛事的最终排名中获益。

（b）抗议委员会认定A有合理的机会通过战术使她增

加获得另一场赛事选拔胜出的机会，但不会使她在本场赛事的最终排名中获益。

（c）抗议委员会认定A有合理的机会通过战术使她增加被国家队选中的机会，但不会使她在本场赛事的最终排名中获益。

（d）抗议委员会认定A与第三条船C达成了共识，她们两船都将运用战术使C获益，并且有合理的机会通过A的战术使C在赛事的最终排名中获益。

（e）抗议委员会认定A出于与体育无关的原因而试图使B的该轮成绩或系列赛成绩变差。

**答案1**

在情况（a）下，A遵守了公认的体育道德和公平竞赛原则。

在情况（b）和（c）下，A将违反规则2，可能还有规则69.1（a）。

在情况（d）下，A和C都将违反规则2，可能还有规则69.1（a）。此外，C从A那里接受了规则41所禁止的援助，C还将违反规则41。

在情况（e）下，A将违反规则2，可能还有规则69.1（a），因为她的行为与体育无关，明显地违反了公认的体育道德和公平竞赛原则。

**问题2**

如果是在按让分制或评级制进行的比赛中，A比B更快或者更易操作的话，问题1的答案会不同吗？

**答案2**

不会。

**问题3**

如果A在利用战术明显地干扰与阻碍B的比赛进程中，A已经故意地违反了某条规则，问题1的答案会不同吗？

**答案3**

会不同。不管一条船何时故意地违反了规则，她都违反了规则2，可能还有规则69.1（a）。

USA 1991/282，世界帆联修订于2009年、2013年和2018年

# 案例79

## 规则29.1，召回：个别召回

*如果一条船没有理由知道自己的船体部分过早地越过了起航线，而竞赛委员会没有迅即发出“个别召回”信号却记录她为OCS，这是并非该船自身失误造成的使其记分明显变差的错误，她有权要求补偿。*

**事实**

在统一设计级的一轮起航中，靠近起航线中部的10条船的每一条的船体部分在起航信号时都略微越线。竞赛委员会通过展示“X”旗伴随一声枪响发出“个别召回”信号。但是，这些信号是在起航信号后约40秒时发出的。没有一条船返回去重新起航，其中有些船因在竞赛结束后发现自己被记录为OCS而提出补偿请求。

**问题1**

规则29.1中“迅即展示”的含义是什么？

**答案1**

在所有情况下都没有特定的时间标准，但本规则所指的是非常短的时间。竞赛委员会应该在起航信号发出后短短几秒钟内发出“个别召回”信号。40秒大大超出了可以接受的时限。

**问题2**

一条船即使没有返回去重新起航，也有理由因个别召回信号不及时而要求补偿吗？

**答案2**

是的。

**问题3**

当规则中说没有通知某船在起航信号发出时其船体部分处于起航线的航线一侧也不能解除她正确起航的义务时，为什么却由于竞赛委员会没能及时发信号而使某船得到了补偿？

**答案3**

规则并没有这样说。规则29.1要求竞赛委员会向所有船发出信号通知她们中有一条或多条船的船体部分在起航信号发出时处在了起航线的航线一侧。规则28.1和30.1（如果适用）要求每条船都要返回到准备起航这一侧，然后起航，但这里假设的是视觉和音响信号都已经发出。当没有发出信号，或者像本例中这样，信号发得太晚，就给一条没有意识到自己在起航信号时轻微越线的船造成明显不利，因为她无法应用信号所提供的信息，结合信号发出时自己与其他船相对位置的判断来确定是否要返回到起航线的准备起航区一侧。

**问题4**

当规则62.1要求一条船因“非自身失误”而使得记分明显变差时，一条没有正确起航的船怎样才能有权要求补偿呢？

**答案4**

没有理由认为自己在起航信号时船体部分已经处于起航线一侧的船有权利假设自己已经正确起航，除非对她发出了适当的信号。如答案 3 指出的，竞赛委员会晚发召回信号会给某船造成明显不利。那个错误完全是竞赛委员会的失误，而非受到不利影响的船的失误。（参见案例31中有关类似情况下的适当补偿的讨论。）

USA 1992/285

# 案例80

删除

**删除案例80的原因：**根据新规则A5，如果竞赛委员会观察到一条船在行驶航线时出现了错误，它现在可以记录其为NSC，无需审理。这条新规则使得本例不再必要。

# 案例81

## 规则14，避免接触

## 规则15，获取航行权

## 规则18.1（b），绕标空间：规则18适用时

## 规则18.2（b），绕标空间：给予绕标空间

## 规则18.2（d），绕标空间：给予绕标空间

*当根据规则18.2（b）有权获得绕标空间的船越过正顶风时，规则18.2（b）停止适用，她必须遵守适用的A节规则。*

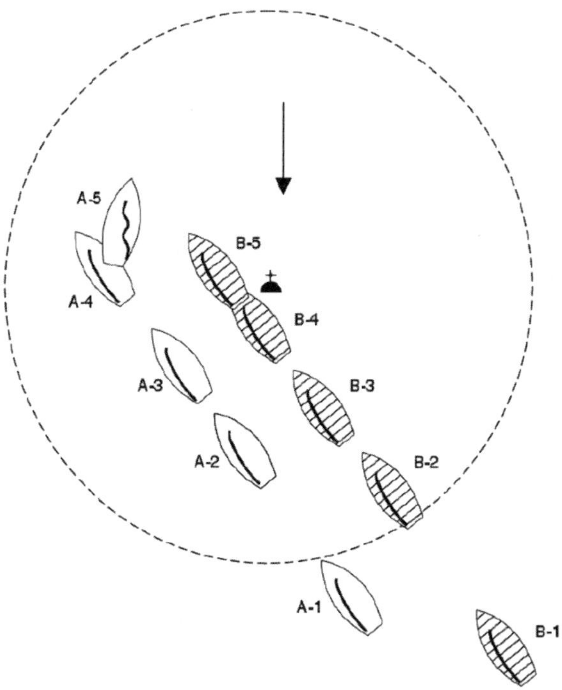

**事实**

A和B以右舷近迎风驶向须右舷离开的标志。A进入标区时明显在前并处于到B下风的航迹上，A迎风换舷至左舷近迎风航线以便绕标。仍然右舷受风的B与左舷受风的A发生接触，然后B换至左舷，没有造成损坏或受伤。两船都提出抗议。

引用规则18.1（b），抗议委员会裁定规则18不适用，因为刚好在接触前两船是相对舷风，并且B必须换舷以正当航线通过标志。已经裁定规则18不适用后，抗议委员会根据规则10取消了A的资格。A上诉。

**裁决**

从位置1至4，B明显在后于A。B明显在后期间，规则12要求她避让A。

自A到达标区至她越过正顶风，规则18.2（b）第二句话适用，要求B给予A绕标空间。B履行此义务直到位置5前一点，在那一刻，A越过了正顶风，B给予A绕标空间这一义务结束［参见规则18.2（d）或18.1（b）］。

在那一刻，B获取了航行权，A需避让B，开始时受规则13的约束，之后，自A到达近迎风航线起，受规则10的约束。

规则15不适用，因为B获取的航行权是A迎风换舷的结果。

事实中不太清楚的一点是，A获取左舷近迎风航线之前或之后，B是否需要采取行动躲避A。然而清楚的是当B持有航行权时，B需要采取行动躲避A。因此，或根据规则13或根据规则10，A被取消资格。因为A本有可能避免接触，她还违反了规则14。

规则14适用于B，但事实无法确认的是，当已经清楚A不会避让时，B是否还有合理的可能采取行动去避免接触。然而，做此确认是没有必要的，因为B有航行权，接触没有造成损坏或受伤。因此，如果B违反了规则14，可以根据规则43.1（c）对其免责。

A的上诉被驳回。保留对她的取消资格。不对B进行惩罚。

USA 1993/290

# 案例82

## 定义，到达终点

## 规则62.1（a），补偿

*当终点线布设得几乎与最后一个航段在一条线上，无法根据定义的要求确定哪一边是通过终点线而到达终点的正确路线时，船可以从任一方向越过该线并依此记录她的到达终点顺序。*

### 事实

在一轮竞赛终点处，A从她所认为的航线一侧越过终点线，以右舷一侧离开标志F。她记录了自己的越线时间。

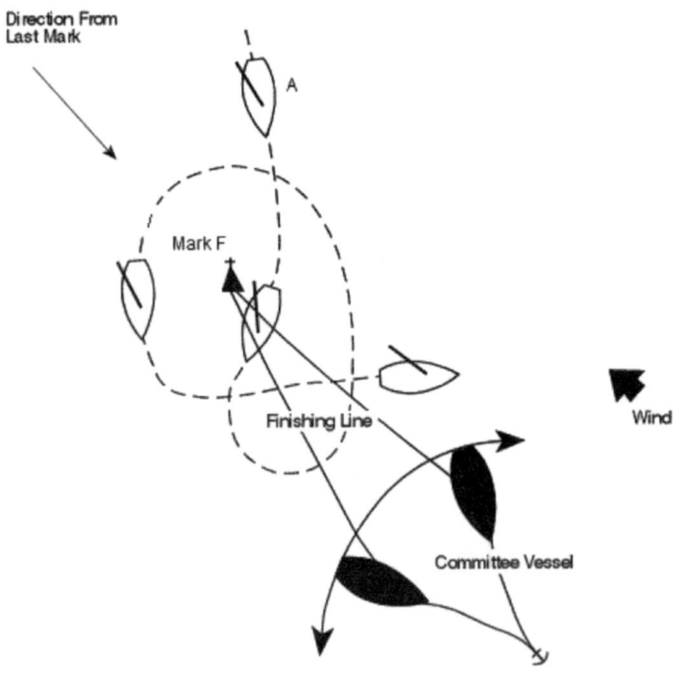

竞赛官没有记录她为到达终点也没有发出音响信号。没有听到音响的A又行驶了图中所示的航线，最终以左舷一侧离开F标越过终点线，此时，竞赛官记录她为到达终点并发出一声音响信号。A要求补偿，要求将她第一次越过终点线的时间作为其到达终点的时间。

抗议委员会认定的事实是当时竞赛委会的船正在前后摇摆，越过了最后一个航段的平行线，但相信竞赛官一直在密切注视着，以确认越过终点线的每条船的正确方向。以规则62.1（a）为由提出的补偿要求被驳回，A上诉。

**裁决**

A胜诉。将终点线标布设得让船很难确定她们应该从哪个方向通过终点线是竞赛委员会的不当行为。当船无法按照到达终点的定义合理地确定她应当从哪一边越过终点线时，她有权利选择任何一边到达终点。因此，A有权根据规则62.1（a）要求补偿。按A第一次到达终点时她自己所记录的时间计算其终点名次。

（注意：没有竞赛规则要求竞赛委员会在一条船到达终点时发出音响信号。这样的信号是告知一条船其到达终点已被记录的礼貌行为。）

GBR 1992/1

# 案例83

## 规则49.2，船员位置；安全护栏

*选手的躯干探出安全护栏反复地调帆是不被允许的。*

**事实**

在一轮24英尺（7米）船长的竞赛中，其级别规则要求当风力约15节，阵风持续时间约为3秒并且碎浪击打在船舷时，要使用安全护栏。A的球帆缭手站在甲板的上风处用手抓住缭绳，几乎无法将缭绳拉进来。他调整着身体姿势以适应船的调整和缭绳上负荷的变化。在几股阵风期间，可以看到他身体向后倾斜，部分躯干探到了救生护栏外。

**问题**

1. 将规则49.2中“将任何部分置于”这句话理解为静态位置是正确的吗？

2. 向后倾斜以抵抗绳索上的负荷是“执行一项必要的任务”吗，比如调整绳索？

3. 在这种情况下，阵风持续的这段时间是“短暂”的吗？

**答案**

案例36中的图6清楚地显示A的船员的位置可能违反规则49.2。“将躯干置于”并不是指躯干是静态的，它隐含着一段时间内的故意行为。

规则49.2中“执行一项必要的任务”的意思是只有当在安全护栏内不能合理地完成某一任务时才可以将躯干探

出安全护栏。规则中“短暂地”一词的使用清楚地表明一旦任务完成就必须将躯干移回舷内。

规则 49.2 显然旨在允许其他非法行为。该许可不能扩展到正常的调帆上，尽管将躯干探至安全护栏外可以更有效地调帆。规则 49.2 是为船员的安全制定的，这将不可避免地抑制利用船员体重的最佳分布来获益的行为。A 的船员将身体向安全护栏外倾斜的动作违反了规则 49.2。

GBR 1992/10

# 案例84

删除

# 案例85

## 定义，规则

## 规则61.1，对抗议的要求：通知被抗议人

## 规则86.1（c），竞赛规则的更改

*如果不是规则86.1（c）中列出的竞赛规则，则级别规则不允许更改它。如果某级别规则试图更改这样一条规则，那么该级别规则无效，不适用。*

**事实**

XYZ级船长8米。XYZ级别规则5规定：

竞赛规则61.1要求展示红旗的规定对XYZ级不适用，除非在竞赛或系列赛的航行细则中另有书面规定。

在XYZ级的一轮竞赛中，A抗议B与C，并在抗议书中说明她没有展示红旗，因为她的级别规则没有此要求。抗议委员会根据级别规则5裁定该抗议有效，B反对该裁决，理由是级别规则5是无效的。尽管B反对，抗议委员会还是进行了审理并取消了B和C的资格。B上诉。

**裁决**

B胜诉。定义规则中（d）段清楚地说明级别规则在竞赛中适用。级别规则可以更改竞赛规则，但仅限于规则86.1（c）中所列的规则，并在得到世界帆联批准的前提下可以对规则附录G（参见规则G5）进行更改。规则61不在其中，因此级别规则5试图更改规则61.1是无效的，不能适用。航行细则可以依规则86.1（b）的规定更改规

则61.1，但其并没有这样做。因此，A的抗议无效，应被驳回。相应地，抗议委员会的裁决被撤销，恢复两船原到达终点名次。

USA 1994/299

# 案例86

删除

# 案例87

## 定义，避让

## 规则10，相对舷风

## 规则14，避免接触

*在明确另一条船不会避让之前，航行权船不必采取行动避免接触。*

**事实**

起航线的角度仅能够使右舷近迎风行驶的船刚好可以越过起航线，大部分船都以左舷驶近起航线。然而，S以右舷从右端驶向起航线，连续向正以左舷驶抵起航线的船呼喊“右舷”。

P1和P2在S下方顺风偏转，而P3未采取任何努力去躲避S，并从直角方向撞到S中部，造成明显损坏。抗议委员会取消了这两条船的资格，P3是根据规则10，S是根据规则14。S提出上诉。

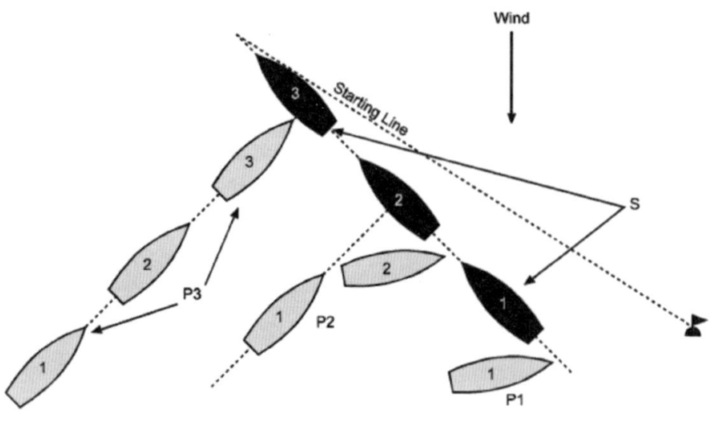

**裁决**

规则10要求P3避让S。规则14要求每条船都要尽可能避免与另外的船接触。对P3来说，规则14关于避免与S接触的要求与规则10“不需要采取躲避行动就可以行驶在其航线上”的广义要求是相一致的（参见避让的定义）。P3违反了规则10和14。

对S来说，尽管规则10要求P3避让她，但同时规则14要求S在“合理可能”的情况下避免接触。然而，规则14允许S在行驶自己航线时期待P3按要求避让自己，直到明显发现P3不会这样做的那一刻。本例中，示意图表明P3可能已准备在距S非常近的位置上顺风偏转躲避S。出于这个原因，自S明显意识到P3将不避让至碰撞发生的这段时间是非常短的，短到S无法避免接触。因此，S没有违反规则14。S胜诉，恢复她的成绩。

CAN 1994/105

# 案例88

## 定义，避让

## 规则10，相对舷风

## 规则14，避免接触

*一条船可能避免了接触却未能避让。*

**事实**

风速12–15节，水面很平，两条约24英尺（7米）长的龙骨船在迎风航段上以大致相同的航速驶近彼此。S略在前一点。相距约三倍船长时，S呼喊“右舷”并在两倍船长时再次呼喊，但P没有做出回应或改变航线。在图中的位置1，两船同时改变了航线。S怕发生碰撞就急速地迎风偏转，打算迎风换舷以使损坏或受伤最小化，P也急速地顺

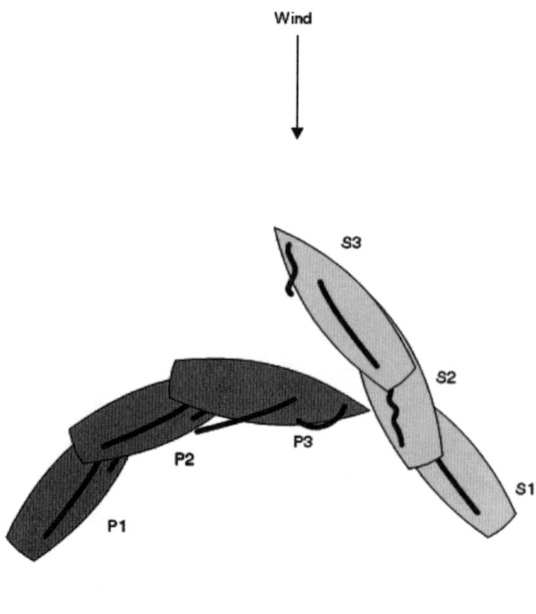

风偏转。S一看到P顺风偏转，也立即顺风偏转。拉满舵的P从S船尾通过，相距仅2英尺（0.6米）。没有发生接触。S根据规则10提出抗议。

抗议委员会裁定P没有违反规则10并考虑S迎风偏转后立即顺风偏转是否违反了规则16.1或16.2。在认定她的航线改变没有影响P后，得出的结论是她没有违反规则，P已经做了急速地航线改变，即使S没有行动，这也是必须要做的。S的抗议被驳回，她提出上诉。

**裁决**

S胜诉。P因违反规则10被取消资格。

规则10要求P“避让”S。“避让”的含义比“避免接触”更进一步；否则规则就会包括那些或者相似的词汇。因此，两船没有碰撞的事实不足以认定P避让了。避让的定义与事实结合起来就可以确定P是否遵守了规则。本例中，由该定义而引发的关键问题是S是否能“不需要采取躲避行动”而行驶她的航线。

考虑以下几点后得出的结论是P未能避让S，因此违反了规则10：

（1）事件开始时两船的航线。她们处在碰撞航线上，这意味着至少两者之一必须改变航线。

（2）当两船都改变航线的那一刻她们的间距。在位置1后，如果两船都不改变航线，两船再行驶三分之二船长后，P的船头会撞到S的下风舷。

（3）发生接触前估计剩余的时间。当两船都改变航线时，距碰撞发生只有很短的时间。例如，船速5节时行驶三分之二船长的距离需1.9秒。船速6节时需1.5秒。

（4）每条船为避免碰撞所需的改变航线的范围。船间相距越近，航线改变的范围就越大。当P改变航线时，改变范围为“拉满舵”从S船尾“相距2英尺（0.6米）”处通过。同时，如果P不改变航线的话，S为躲避P就要改变航线约90°，因为那时候S已经不得不迎风换舷了。

（5）两船进行必要的航线改变所需的时间。该因素受其他几个因素的影响：船重及船速、水下船形、舵的尺寸、操帆量及风与海面的情况。

当两船到达图中位置1时，P没有避让。碰撞马上就要发生了，几乎是难以避免的，这一点被P拉满舵从S船尾相距仅2英尺（0.6米）处通过这个事实所证实。在图上的那个位置，S无法确保P已经听到呼喊或是正准备改变航线，甚至有可能P没意识到S的存在。还有，出于缩短到上风标的时间和距离的考虑，或是战术考虑，P已经超过了她本应该进行顺风偏转的那个点。基于上述所有原因，S显然不能做到“不需要采取躲避行动”去行驶她的航线，所以P违反了规则10。S完全有理由认为将有碰撞发生并得出只有她采取行动才能防止碰撞的结论。

无需评判S是否违反规则16.1或16.2这个问题，因为S改变航线的这一刻P已经违反了规则10，S根据规则14的要求改变了航线，避免了碰撞。纵然事实证明S违反了规则16.1或16.2，也可以根据规则43.1（a）对其免责。

亦可参见案例50。

USA 1996/305

# 案例89

## 规则50.1（a），选手的服装与器材

*选手不能穿着或在身上附着盛饮料的容器，帆板或风筝板选手除外。*

**问题**

规50.1（a）允许选手在竞赛时穿着或在身上附着盛饮料的容器吗？

**答案**

不允许。除帆板或风筝帆板外，这样做是没有必要的，这样做的结果会被认为其主要目的是增加选手的重量［注意：规则B4和F4为帆板和风筝帆板竞赛修改了规则50.1（a）］。

世界帆联 1997

# 案例90

## 定义，行驶航线

## 规则28.1，行驶竞赛航线

*当一条船的连线从标志的规定一侧通过时，如果这条线拉紧时也从该标志的非规定一侧通过的话，她并没有违反规则28.1。*

**事实**

在巴拿马河上举行的一轮竞赛中第一航段为迎风航段，风弱并且不稳定，水流强并与风向相对。A和B起航正确，但风力减弱，她们向后退去。A从起航线左侧标的外面通过，而B向后行驶越过了起航线。后来风力恢复了，但却是从新的方向吹来的，两船都从起航线右端竞委会船的右舷船尾通过并继续向上行驶该航段。

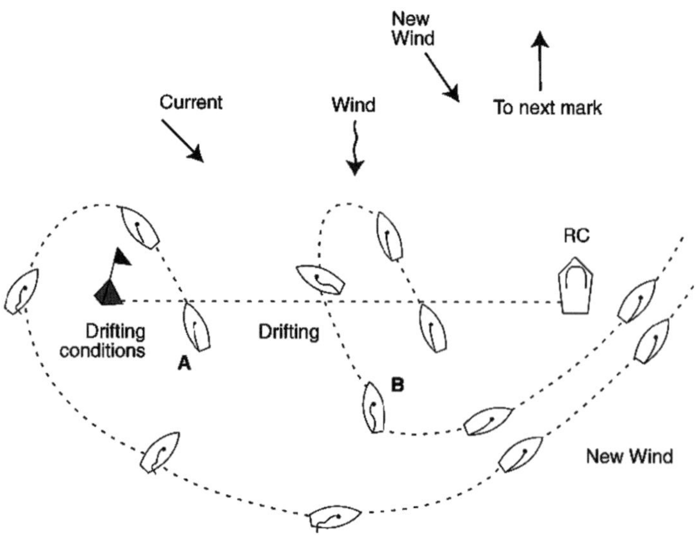

A抗议B违反了“一条线规则”（参见行驶航线的定义和规则28.1），但是抗议委员会裁定抗议无效。尽管如此，抗议委员会根据规则70.4将抗议送交了国家和地区管理机构，寻求定义行驶航线和规则28.1的解释。

**问题**

A与B遵守了规则28.1吗?

**答案**

A遵守了规则28.1。起航后，她从每个起航标规定的一侧离开标志。然后她在整个起航线附近航行，如图所示。即使如此，表示她航迹的连线被拉直后，越过起航线时，这条线是从每个起航标的规定一侧离开的。规则28.1并没有禁止多次绕标，只要定义行驶航线中描述的这条线拉紧后，处在每个标志规定的一侧即可。例如，若一条船按照航行细则的要求以右舷一侧离开某绕行标志时碰了标，之后她绕该标做了顺时针360° 解脱，她就遵守了规则28.1。另一个例子，就像本例中的A，当她的连线通过两个起航标的规定一侧时，她的连线也从其中一个标志（本例中的竞委会船）的非规定一侧通过，她并不违反规则28.1。

B违反了规则28.1。起航后，她按规定以左舷一侧离开左侧标及以右舷一侧离开右侧标。然而，她后来向后漂动并越过了起航线，然后以左舷一侧离开右端起航标。代表其航迹的线被拉直后没有通过起航线，所以说她没有以规定的一侧离开右端标志。

有关终点线处的类似事件的讨论，请参见案例106。

ARG 1996/3

# 案例91

**定义，明显在后与明显在前；相联**

**定义，避让**

**规则12，同舷风、不相联**

**规则14，避免接触**

**规则43.1（c），免责**

*当另外一条船的器材超出正常位置的量足以被看到并可以被避开时，需要避让的船也必须避让其不在正常位置的器材。*

**事实**

左舷横风行驶的A和B驶向须以左舷一侧离开的标志。B明显在后于A。整个航段上，A的球帆失去控制，从桅杆顶部飘出。两船都迎风换舷绕过标志。两船都迎风换舷后，B行驶了一小段近迎风航线，然后她顺风偏转，她的索具与仍从A的桅杆顶部向外飘出的球帆发生了接触。A

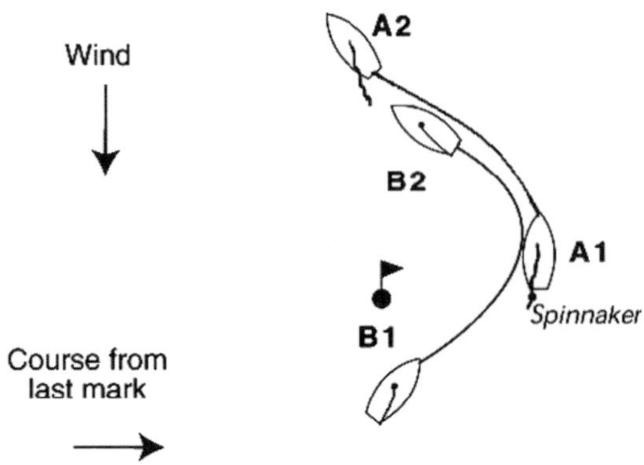

提出抗议。

抗议委员会根据规则12取消了B的资格，因为她的索具与A的球帆发生了接触。B上诉。

**裁决**

接触是因B的顺风偏转造成的。在发生接触时，A的球帆不在其正常位置上，B的船首在A的船体及所有处在正常位置上的器材后面。因此，不存在相联（参见明显在后与明显在前；相联的定义），规则12适用。规则12要求B避让A的船体、器材和船员，包括她的球帆。

B因未避让A而违反规则12，因为她驶向A的球帆时，A需要采取躲避行动（参见定义避让）。在接触前，B的船员在相当一段时间内能看到A的球帆从桅杆顶部飘出，所以她的未能避让不能归咎于A的球帆不在其正常位置上。

案例77讲述了看起来相似但却明显不同的事件。那次事件中B紧跟A其后通过标志，没有料到A的球帆会失去控制。B不可能预见到A的球帆会突然向后拖出20英尺（6米）。

本例中，B还因造成本来可以避免的接触而违反了规则14。然而A没有违反本规则，因为在明确了B不会避让时，她没有合理的可能去避免接触。即使有这个可能，作为航行权船，根据规则43.1（c）对其免责。

B因违反规则12而被取消资格是正确的。她还违反了规则14。她的上诉被驳回。

USA 1987/271

# 案例92

## 规则14，避免接触

## 规则16.1，改变航线

## 规则16.2，改变航线

*当航行权船改变航线时，避让船仅需对航行权船当时的动作做出回应，而不必对其之后可能做的动作做出回应。*

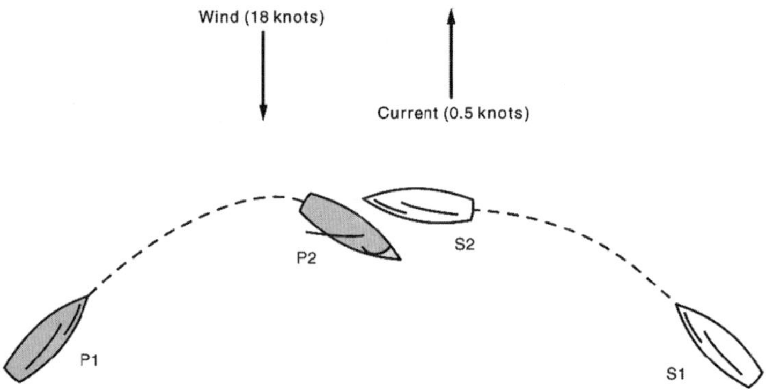


**事实**

在风速为18节的迎风航段，S与P以相对舷风驶近彼此。P顺风偏转躲避S。S也顺风偏转，P继续顺风偏转以便从S船尾通过。S也继续顺风偏转，造成向下风的进一步倾斜。两船的桅杆与索具发生接触，P的桅杆被损坏。

抗议委员会因S违反规则16而取消其资格，她提出上诉。

**裁决**

S的上诉被驳回。根据规则14、16.1和16.2，维持抗议委员会取消S资格的裁决。

开始时两船行驶在碰撞航线上。P按照规则10的要求顺风偏转避让S。书面事实与示意图显示如果S不改变航线的话，P可以从S船尾通过来避让S。然而，S的顺风偏转引起P立即进行进一步的顺风偏转以便继续避让。S因改变航线而违反规则16.2。

S继续改变航线，偏转的速度更快。碰撞前的某一时间，P无法通过正常的航行操作进行避让。因此，S因为继续改变航线而违反规则16.1。

此外，S还违反了规则14，必须被判罚，因为作为航行权船，当她在合理可能的情况下已经这么做了，她就没有避免接触，从而造成损坏。

S辩称P本可以迎风换舷或顺风换舷，并指出这是P的义务。这是对避让船在规则10和其他航行权规则下义务的误解。避让船仅需对航行权船当时所做的动作做出回应，而不必对其后来可能做的动作做出回应。直到她不能做为止，P做到了她所该做的，即改变航线进行避让，如果S不继续向P顺风偏转的话，S将“不需要采取躲避行动”（参见避让的定义）。

P因没有避让违反了规则10，但这是S违反规则16.1和16.2的结果。因此，或根据规则43.1（a）或43.1（b）对其免责。P在S变得明显不会给予她避让空间后已无法避免接触；因此，P没有违反规则14。

USA 1997/75

# 案例93

## 定义，空间

## 规则15，获取航行权

## 规则16.1，改变航线

## 规则18.3，绕标空间：在标区内越过正顶风

## 规则43.1（b），免责

*当一条船在另一条船的下风变为相联后就立即迎风偏转，而另一条船以正常的航行操作无法避让时，迎风偏转的船就违反了规则15和16.1。另一条船违反了规则11，但被免责。*

**事实**

在位置1，W与L以相对舷风驶向须左舷离开的上风标。W在标区内越过正顶风并处于其新的近迎风航线上后，L处在W的正后方。W的航线大大地高于方位线而给L留出了从W与标志间通过的空间。在位置2，L已经从靠近W船尾的位置顺风偏转并要与W建立下风相联。当相联开始时，L立即迎风偏转并碰到了W的左舷。然后，两船继续绕标，没有进一步的事件发生。L抗议W，但L因违反规则16.1而被取消资格。她上诉。

**裁决**

在位置1与2之间，当在标区内时，W越过正顶风。那时，W正在飞驰过标，所以规则18.3开始适用。在上诉中，L强调W违反了规则18.3。当L开始在W内侧变为相联时，

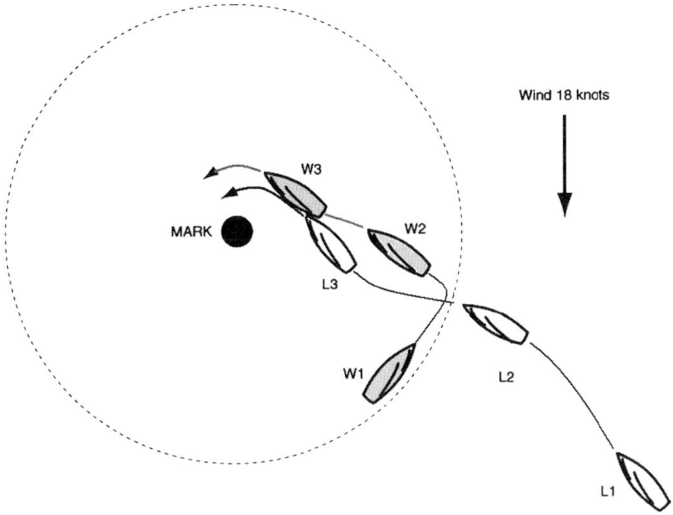


该规则要求W给予L绕标空间。事实表明W的航线远远高于方位线，给L留出了驶向标志并绕标的足够空间。因此，W给予了L绕标空间，没有违反规则18.3。

在位置2，根据规则12，W对L拥有航行权。很短时间后，在位置2与3之间，两船变为相联，那时，L根据规则11获取了航行权，一开始，规则15就要求L给予W避让空间。两船变为相联后的所有时间内，规则16.1适用。L在相联开始后的立即迎风偏转，剥夺了W避让的空间。她无法通过正常的航行操作来进行避让。因此，L违反规则15和16.1。

不能根据规则43.1（b）对L免责，因为在她违反规则15和16.1时，她并没有行驶在她有权要求W给予她的绕标空间内。

当L迎风偏转时，W违反了规则11，但是根据规则43.1（b）对其免责，因为她行驶在根据规则15和16.1有权要求的空间内。

L在距离W两倍船长之内从明显在后变为相联，所以规则17禁止L高于其正当航线行驶。抗议委员会没有认定相联开始后L是否高于其正当航线行驶这一事实。如果她高于正当航线行驶，她就违反了规则17。然而，寻找这一事实对解决问题已经没有什么意义了，因为L将被保留因违反规则15和16.1而被取消的资格。

抗议委员会没有讨论规则14。W没有违反规则14，因为她没有合理的可能去避免接触。但是，L确实违反了规则14；她引起了接触这一事实表明她是本有可能避开的。如果任一方有损坏或受伤，她就会被判罚。没有关于造成损坏或受伤的事实认定，但这一问题无需再探讨了，因为将维持对L因违反规则15与16.1的取消资格。

因为上述理由，L的上诉被驳回。

USA 1998/76

# 案例94

删除

# 案例95

## 定义，绕标空间

## 定义，空间

## 规则18.1（a），绕标空间：规则18适用时

## 规则18.2（b），绕标空间：给予绕标空间

## 规则18.3，绕标空间：在标区内越过正顶风

## 规则43.1（b），免责

*在驶向上风的迎风航段上，如果同舷相联的两船受规则18.2（b）的约束，她们中任何一条船越过正顶风时，规则18就停止适用。当一条船需要给予另一条船绕标空间时，她所必须给予的空间包括另一条船遵守规则31的空间。当有权要求绕标空间的船在其有权获得的绕标空间内因另一条船所迫而碰标时，其违反规则31的行为被免责。*

**事实**

左舷相联的Jagga（图中J）与Freebird（图中F）驶向上风标，F在下风一至两倍船长处。F迎风换舷，并以右舷进入标区。然后，J也迎风换舷至F上风的一个位置。J迎风偏转，因此她船尾的摆动需要F改变航线去避免接触。F的确这样做了，也因此造成碰标。F抗议。

抗议委员会根据规则18.3取消了J的资格。J上诉，理由是当她进入标区时，她是内侧相联船，她有权利要求通过标志的空间。

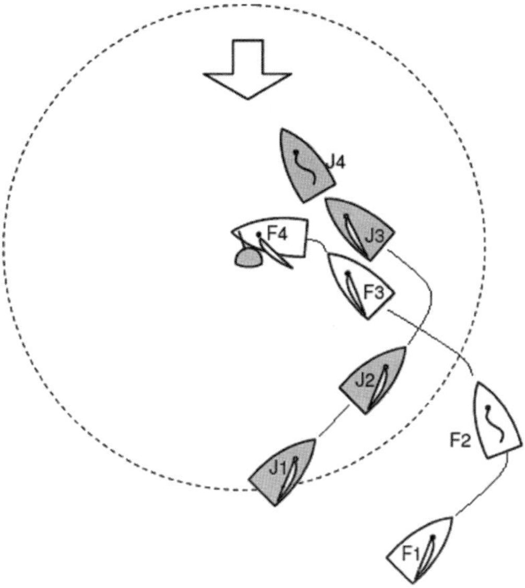


**裁决**

当J到达标区时，她与F是内侧相联。从那时起至F越过正顶风，规则18.2（b）要求F给予J绕标空间。当F越过正顶风时，两船以相对舷风处于驶向上风的迎风航段上，所以规则18停止适用［参见规则18.1（a）］。在F完成迎风换舷后，根据规则10，F有航行权，但在开始时她受规则15的约束。她遵守了该规则，因为J从F的船头通过，拥有避让的空间。

在位置2与3之间，J越过正顶风，自此与F处于相同舷风。那时，J正在飞驰过标，F在进入标区时已经处于右舷风，因此，规则18.3开始适用。规则18.3适用时，规则18.2就不适用了。然而，在J完成迎风换舷后的片刻，F在内侧与之相联，规则18.3要求J给予F绕标空间。

当J从F船头通过后，F拥有航行权，首先是根据规则

10，之后是规则13，最后是规则11。因此，在那个时间段J不受规则15的保护。

在位置3后，规则11要求J在航行时要保证F可以“不需要采取躲避行动就可以行驶其航线”（参见定义避让）。事实是，当J迎风偏转时，F不得不改变航线避免接触，这就证实了J没有避让，因而违反了规则11。此外，当J迎风偏转时，她没有给予F驶向标志的空间和遵守规则31的义务的空间。因此，J违反了规则18.3（参见定义绕标空间和空间）。

抗议委员会根据规则18.3取消J的资格是正确的，但她还违反了规则11。F碰标时违反了规则31，但根据规则43.1（b）对其免责。J的上诉被驳回。

GBR 2000/4

# 案例96

## 规则30.4，起航惩罚：黑旗规则

*全部召回后，一条船看到自己的帆号被展示，知道了自己因违反规则30.4第二句话而被竞赛委员会取消了资格，她确信这是竞赛委员会的错误，此时她的唯一选择是不起航，然后要求补偿。但是，如果竞赛委员会没有展示她的帆号，她参加了重新起航的竞赛，她应当被记为BFD，而不是DNE。*

**问题1的事实**

竞赛委员会在一个级别的起航时展示了黑旗作为准备信号。在起航信号前一分钟内，A的船体被识别出位于起航线两端与第一个标形成的三角区域内。起航信号发出后，竞赛委员会发出全部召回信号。竞赛委员会因A违反规则30.4而未经审理取消了她的资格，并且在该轮竞赛的下一次预告信号前展示了她的帆号。

**问题1**

如果A相信竞赛委员会在最后一分钟内错误地识别出她在该三角区内，那么规则允许她在重新起航时参加比赛，然后再要求补偿吗？

**答案1**

规则30.4明确地要求她不可以参加重新起航的竞赛，并说明如果她这样做的话，她的取消资格将不能被去掉。她唯一可做的是要求补偿，如果在系列赛中给予她补偿，通常会基于她其他轮次的名次。

**问题2的事实**

除了竞赛委员在该轮竞赛的下一次预告信号前未展示A的帆号，A参加了重新起航的竞赛外，其他的事实与问题1一致。

**问题2**

A有资格获得终点名次吗？

**答案2**

没有。应当根据规则30.4第二句话取消A的资格。但是，由于未在全部召回信号与下一次预告信号之间展示她的帆号是竞赛委员会的失误，她应被记为BFD（根据规则30.4取消资格），而不是DNE（不能去掉的取消资格）。如果她要求补偿，辩称自己有权获得终点名次，因为未展示她的帆号是竞赛委员会的失误，她的补偿要求应被驳回。虽然未展示她的帆号是竞赛委员会的疏忽，但这个疏忽并未剥夺她的终点名次，是她在起航信号前的一分钟内已经处于起航线的航线一侧这一事实剥夺了她的终点名次。然而，如果她被记为DNE，对她的补偿应是将她的记分改为BFD。

GBR 2000/1

# 案例97

## 规则55.3，升帆和操帆：操帆

*允许使用连接到球帆索的球帆侧撑杆。*

**问题**

规则55.3允许使用球帆侧撑杆（一根为控制球帆杆前后位置而承受外撑力量的杆子）吗？

**答案**

允许。当挂上球帆杆后，控制球帆杆前后的绳子是一根调整索，不是缭绳。因此，承受球帆杆前后控制索的外撑力量的侧撑杆不是“对缭绳或帆后角施加向外张力的装置”。

GBR 2000/2

# 案例98

**定义，规则**

**规则4，接受规则**

**规则5，约束组织机构和竞赛官员的规则**

**规则63.7，规则间的冲突**

**规则87，级别规则的更改**

**规则88.2，国家和地区规定：国家和地区规定的更改**

**规则J1.1（2）、J1.1（3）、J1.2（3），竞赛通知的内容**

*定义规则中列出的规则对于执行《帆船竞赛规则》的所有竞赛都适用，不管竞赛通知是否清楚阐明要执行这些规则。竞赛通知或航行细则中的某条规则可以更改国家和地区管理机构的部分或全部规定，前提是要与规则88.2中的规定相一致。通常情况下，竞赛通知不可以更改级别规则。当一条船按照让分制或评级制方法进行竞赛时，该方法中的规则适用，其部分或全部级别规则也可以适用。当竞赛通知与航行细则冲突时，两者都不具有优先权。*

**事实**

春季轮回赛的竞赛通知中说明将执行《帆船竞赛规则》，但没有提到国家和地区管理机构的规定、航行细则、级别规则、竞赛通知或其他文件或规则。根据让分制进行竞赛的一个级别和两个统一设计级别进行了起航。名为Buttercup号的J/24帆船参加了让分制级别的竞赛，并被抗议违反J/24级别规则。

**问题1**

以下规则适用吗？

（1）国家和地区管理机构的规定

（2）级别规则

（3）竞赛通知中的规则

（4）航行细则中的规则

（5）赛事执行的其他文件

**答案1**

规则J1.1（2）要求竞赛通知中要告诉参赛选手“赛事将执行《帆船竞赛规则》所定义的规则。”如果竞赛通知中有此描述，那么以下内容都适用：国家和地区管理机构的规定、级别规则、竞赛通知和航行细则中的规则，以及被世界帆联指定为具有规则地位并发布在世界帆联网站上的世界帆联规章。这些都适用，因为它们都被定义为规则（参见规则定义）。

本例中，春季轮回赛的竞赛通知不符合规则J1.1（2）。它只说明了“《帆船竞赛规则》适用”。尽管如此，文件1、2、3与4都适用。得出此结论的理由见下一段分析。

如果竞赛规则中的术语用斜体字显示，该术语被视为定义（参见导言中的术语）。规则4.1（a）和4.3（a）中的“规则”一词用的是斜体字，这就清楚地说明每位选手及船东参赛就要同意受竞赛规则及规则定义中所列文件的约束。规则5中，“规则”一词用的也是斜体字，表示组织机构、竞赛委员会、技术委员会和抗议委员会在赛事的执行和执裁中，也受定义规则中所列出的所有文件的约束。

赛事执行的其他文件（问题1中的第5项）仅在竞赛通知中列出时才适用［参见规则J1.1（3）］。

**问题2**

某条国家和地区规定或者竞赛通知或航行细则中的某条规则可以被更改吗？

**答案2**

可以，只要遵守了竞赛规则中所规定的进行此类更改的程序就行（请注意对规则进行增补，或对其全部或部分的删除是对规则的“更改”。参见规则85.1）。

竞赛规通知或航行细则可以更改某条规定，或说明部分或全部规定不适用，只要国家和地区管理机构未限制规则88.2中所列的某条规定不可以更改就行。竞赛通知或航行细则中一旦没有这些更改，则所有规定都适用。

规则89.2（b）规定，只要给予了充分的通知，竞赛通知中的规则就可以被更改，规则90.2（c）包括了航行细则中规则的更改程序。

**问题3**

可以更改级别规则吗？

**答案3**

一般情况下不可以。但是，如果级别规则本身允许更改，或者已经取得来自级别协会的书面许可并将其张贴在官方公告栏上，那么，竞赛通知就可以更改这条级别规则［参见规则87和J1.2（3）］。

**问题4**

Buttercup号是参加让分制级别竞赛的一条J/24船。J/24级别规则或让分制规则对她适用吗?

**答案4**

让分制规则适用于Buttercup号［参见定义规则中的条款（d）］。如果她的让分系数明确是基于她的竞赛符合部分或者全部J/24级别规则这一假设条件给出的，那么，那些或者全部的J/24级别规则适用于她。然而，如果Buttercup号的让分系数不是基于此假设，那么J/24级别规则就不适用于她。

**问题5**

如果竞赛通知中的某条规则与航行细则中的某条规则冲突，哪一个优先?这个冲突能解决吗?

**答案5**

谁都不优先。关于由此类冲突引发的抗议或补偿要求受规则63.7约束。它要求抗议委员会在能够给所有受影响的船带来最公平结果的前提下执行规则。如果此类冲突发生在抗议或补偿要求的审理之外，要么更改竞赛通知［在规则89.2（b）允许下］，要么就更改航行细则［在规则90.2（c）允许下］来解决该冲突。

USA 2000/80

# 案例99

## 规则10，相对舷风

## 规则14，避免接触

## 规则44.1，事件发生时的惩罚：解脱

## 规则64.2（a），裁决：惩罚

*须避让的船失去控制这一事实不能对其违反规则第二章免责。当规则14要求航行权船“若合理可行……避免接触”，并且做到此点唯一的办法就是急速顺风换舷时，不进行急速顺风换舷也不违反规则。当根据规则44.1（b），对一条船的惩罚是退出竞赛时，若她这样做了，就不能再取消其资格（不管是她自己的选择还是迫不得已）。*

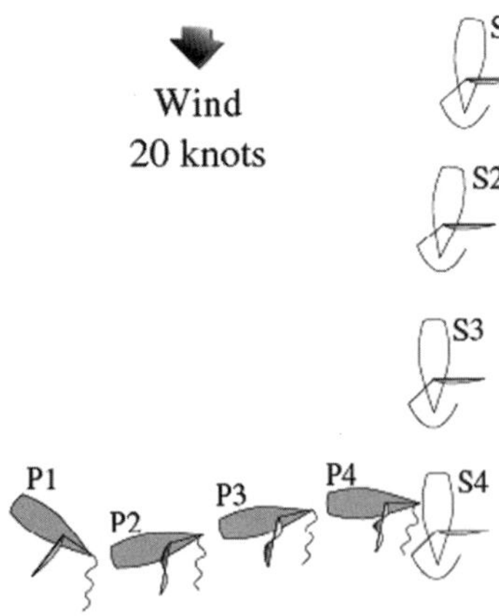


### 事实

Farr30s级在恶劣条件下竞赛。S以10–14节的速度行驶。P到达位置1之前是大角度横向行驶，且已经失去了控

制。P碰到S的船体中部，造成了严重损坏。两船都退出了竞赛。S对P提出抗议。

抗议委员会认定两船相距还较远时，S做了轻微地航线改变；这些改变被仍失控的P的不稳定动作所阻碍；当明显出现P将不避让的迹象时，S唯一能做的就是急速顺风换舷，这样做存在对S造成损坏的风险。

抗议委员会取消了两船的资格，P是因为违反规则10，S是因为违反规则14。抗议委员会指出S应该已经意识到P所处的困境，应更早地采取更显著的措施。该裁决被上交至国家和地区管理机构寻求确认或更正。

**裁决**

抗议委员会的裁决被撤销。两船都被记为RET。

很显然，P违反了规则10和14。没有规则能对其免责，即使是她处于失控状态。P违反了规则10与规则14并导致严重损坏。规则10与规则14是第二章的规则，规则44.1允许违反第二章一条或者多条规则的船去解脱。因为P导致了严重损坏，对她适用的惩罚是退出竞赛［参见规则44.1（b）］。P的确退出了（是否自愿还是被迫并不重要），因此可以免于取消资格［参见规则64.2（a）］。对她取消资格的判罚被撤销，记为RET。

至于S，规则14对航行权船有特别规定。首先，必须要有造成损坏或受伤的接触发生，才能对其进行判罚。这一点是毫无疑问的。第二，在明确P不会避让前，S都不需要采取行动去避免接触。直至那一刻，规则14才要求她在合理可行的情况下避免接触。抗议委员会认定，当S明确P不会避让时，S唯一能做的就是急速顺风换舷，这使S受到损坏的风险大大提升。这就等于说明了S不能在合理可行的情况下避免接触。因此，S并没有违反规则14。对她取消资格的判罚被撤销，她也应被记为RET。

最后，抗议委员会应该注意，鉴于裁决的更改，抗议委员会有权根据规则60.3（b）召集审理，考虑根据规则62.1（b）给予S补偿。

GBR 2001/7

# 案例100

## 规则41，外部援助

*当一条船寻求并接收了竞赛战术建议时就是接受了外部援助，即使这些建议是在公共无线电频道里寻求与接收到的。*

**事实**

三条大船绕行靠近岸边岩石的一个标志，然后驶入6节的水流中。风很小。A通过无线电询问其舵手较熟悉该区域的B，在标志周围抛锚是否安全。B回答说抛锚不安全。C根据规则41抗议两船，因为她们讨论了绕标和行驶下一航段的战术。

抗议委员会驳回了针对B的抗议，而A因接受外部援助被取消资格。抗议委员会提出，A在任何时候都可以通过驶帆或开机安全地驶离标志，其在标旁抛锚的唯一动机是抵抗逆流，夺取比赛胜利。

A上诉，理由是她确信自己并没有接受任何帮助，并且认为通过公共无线电频道给出的建议不属于外部援助，国家和地区管理机构不应接受因接收安全信息而被取消资格。

**裁决**

A的上诉被驳回。A出于竞赛战术的动机寻求并接受了援助。A的提问和她在回答中接收到的信息是否是在公共广播频道上进行的是无关紧要的。A接受的帮助不在规则41的例外范围之内，特别是不在规则41（d）的例外之内，因为A寻求了信息。所以她违反了规则41。

GBR 2001/4

# 案例101

## 规则20.2（c），障碍物旁迎风换舷的空间：回应

*当航行权船需要给予另一条船操作空间时，航行权并没有转移到另一条有权要求空间的船上。驶近障碍物时，对方在回应你要求迎风换舷空间的呼喊时喊“你迎风换舷”，如果你照此做了，之后能以正常的航行操作再迎风换舷一次以避让，那么另外一条船就已经给予了你所需要的空间。*

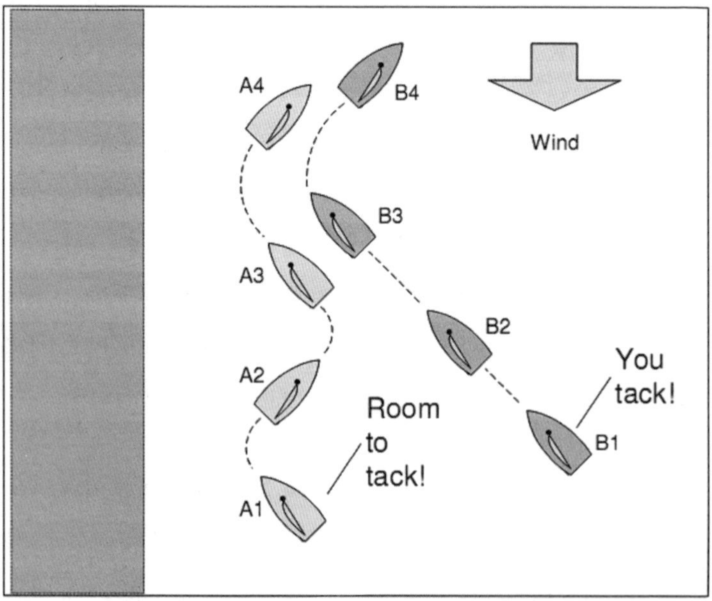


### 事实

A和B是国际龙级。A近迎风右舷向岸边行驶，明显在前并处在B的下风航线上。A呼喊迎风换舷的空间，B回答

“你迎风换舷”。A迎风换舷，B保持自己的航线。之后，A和B处在相撞航线上，A再次迎风换舷。A的两个迎风换舷都是正常的航行操作。A的第二个迎风换舷完成后，与B下风相联。很快，B做了一个迎风换舷，A也跟随着做了一个。A抗议B没有根据规则20.2（c）的要求给予其空间。

抗议委员会的结论是B未能给予A“迎风换舷和躲避她的空间”，取消了B的资格，认为B“在A迎风换舷后没有避让她”。B上诉。

**裁决**

B胜诉，恢复她的终点名次。A的行动表明她有迎风换舷和躲避B的空间。因此，B履行了规则20.2（c）的义务。

分清避让的要求与给予空间的要求是很重要的。当航行权船需要给予另一条船操作的空间时，航行权并不会转到有权要求空间的船上。A迎风换舷至左舷后，B不需要避让A；反而，规则10要求A避让B。规则20.2（c）仅要求B给予A迎风换舷并躲避B的空间，B做到了。

GBR 2001/11

# 案例102

## 规则62.2补偿

*一条船针对影响自己某一轮乃至系列赛成绩的一个事件要求补偿时，要求补偿的时间限制为该轮竞赛的时间限制，而不是基于系列赛成绩贴出来的时间限制。*

**事实**

Scruples号在总共有8轮竞赛的系列赛结束后，因为三周前的系列赛第5轮中发生的一个事件要求补偿。抗议委员会认定她的请求无效，因为它是在时间限制后提出的。她上诉，声称她是直到整个系列赛结束成绩张贴之时才知道第5轮的成绩影响到了她的整个系列赛成绩，所以她要求补偿的时限是在系列赛完成、成绩张贴后才开始的。

**裁决**

Scruples号的上诉被驳回。她的补偿要求无效，因为补偿要求未在第5轮竞赛的抗议时限内提交至竞赛办公室（参见规则62.2）。该事件仅通过她在第5轮竞赛中的成绩对其系列赛成绩产生影响，因此，相应的要求补偿的时限是适用于那一轮竞赛的时限。

GBR 2001/9

# 案例103

## 定义，空间

*定义空间里的短语“正常的航行操作”指的是可以合理期待的操船动作，即称职的而非专家级的操船动作，且船员数量适当。*

**事实**

两条30英尺（9米）长的左舷船OL和IW在一障碍物旁，障碍物为一条抛锚的船。OL选择从障碍物的下风通过。两船相联，IW是内侧船。虽然这个级别的船一般来说需要6个船员，但IW只有3名船员，而且他们相对来说经验不足。

**问题1**

在确定IW根据规则19.2（b）有权获得多少OL与障碍物之间的空间时，是否应把IW的船员经验与数量考虑在内？

**回答1**

IW的船员经验与数量在确定“空间”时都不相关。规则19.2（b）要求OL给予IW她与障碍物间的“空间”，这里提到的“空间”是一个有定义的术语。“空间”的定义是“船在现有条件下以正常的方式快速进行航行操作所需的空间……”。在确定OL是否给予了所需的空间时，“正常的航行操作”的解释必须基于该船所期待的合理状况，即称职的而非专家级的操船动作，且船员数量适当。（案例21讨论了定义空间的其他方面。）

**问题2**

针对定义绕标空间和第二章其他规则中涉及的“空间”，答案是一样的吗?

**回答2**

是的。

USA 1999/77

# 案例104

## 规则63.6（d），审理：取证和认定事实

## 规则70.1，上诉和对国家和地区管理机构的请求

## 规则R5，事实不足；重新审理

*有时候，尝试把抗议委员会的调查结果按事实和结论区分开是很难的，因为调查结果可能部分建立在事实上，部分建立在结论上。国家和地区管理机构可以改变抗议委员会的裁决和涉及推理或判断的其他调查结果，但不能改变有关事实的调查结果。国家和地区管理机构也可以通过逻辑推理获得其他额外事实。文字事实和图表事实间无优先之分。如果国家和地区管理机构有要求，抗议委员会必须解决事实间的冲突。*

**问题1**

确定抗议委员会的裁决里的一个调查结果是否在上诉中可能被改变的标准是什么？这个标准是基于调查结果建立在事实上还是结论上吗？是否包含对规则的解释，还是有其他可能？

**答案1**

没有一个令人满意的标准来界定清楚事实与结论，因为这两个概念可以重合。在规则63.6（d）和其他使用这个术语的规则里，“事实”是抗议委员会“认定”所发生过或存在的行为或情况。而“结论”是从其他事情推理论证出来的，可以是纯粹事实性的。比如，如果事实是一轮竞赛

中有3个级别，每一个级别中有5条船，那么该轮竞赛中共有15条船既是事实也是结论。结论也可以为部分事实的，例如做出含有非事实要素的判断时。举例来说，“A在事件发生之后的第一合理时机展示了红旗”这一陈述就结合了该事件的事实与对规则61.1（a）“第一合理时机”的解释。

基于规则解释的调查结果显然会被国家和地区管理机构更改，但是其他涉及推理或判定的调查结果同样会被更改。比如，抗议委员会可能指出“15节以上的风太大，不能保证竞赛安全。”这句话就是一个观点或者判断，而不是对规则的解释。

因此，确定抗议委员会的调查结果在上诉中是否会被改变的标准就仅是该调查结果在性质上并非完全符合事实。规则70.1允许对抗议委员会的“裁决或程序提出上诉，但不能对认定的事实提出上诉”。但是，它并没有禁止对抗议委员会的其他调查结果或判定提出上诉。同理，规则R5要求国家和地区管理机构接受抗议委员会认定的事实，但不要求其也接受其他调查结果。这两条规则的效力是：国家和地区管理机构可以改变抗议委员会的任何调查结果，但有关事实的调查结果除外。

**问题2**

国家和地区管理机构是否可以从抗议委员会的书面事实或图示得出的结论来推导出额外的事实？

**答案2**

可以，国家和地区管理机构可以应用逻辑从任一来源推导出额外的事实。

**问题3**

规则R2.2（b）所要求的由抗议委员会准备或认可的示意图的地位是怎样的?

**答案3**

示意图和书面事实都是抗议委员会认定的事实，它们之间无优先之分。

**问题4**

当事实间发生冲突，比如示意图和书面事实间有冲突时，国家和地区管理机构需要都接受吗?怎样解决冲突?

**答案4**

逻辑上讲，国家和地区管理机构不能接受互相冲突的事实。规则R5给予了国家和地区管理机构权限去要求抗议委员会提供能解决该冲突的修订或额外事实。

USA 2003/85

# 案例105

## 规则10，相对舷风

## 规则14，避免碰撞

## 规则15，获取航行权

## 规则16.1，改变航线

*两条相对舷风的船顺风行驶时，右舷船可以改变航线，前提是她给予了左舷船避让的空间。*

**事实**

S在P旁边以左舷行驶一段时间后，顺风换舷至右舷，没有违反规则15。两条船继续以平行航线行驶。在S顺风换舷后大约2分钟，她开始迎风偏转。P没有对S的迎风偏转做出回应，两船在位置3发生碰撞。没有损坏和受伤。

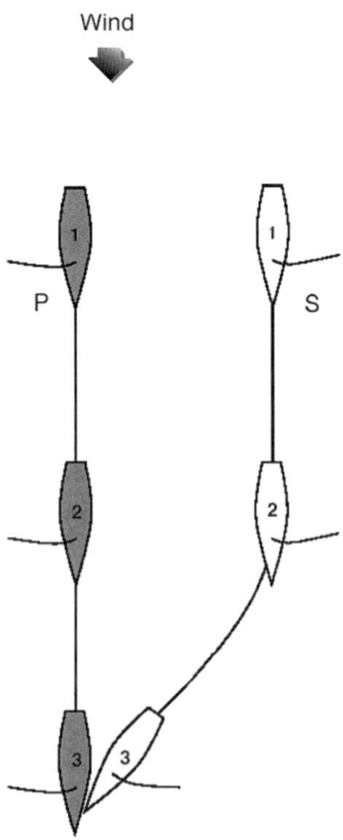


**问题**

发生接触时，规则15依然适用吗？S是否违反了规则16？

**答案**

根据规则10，右舷船S有航行权，左舷船P必须避让。

规则15仅在S变为航行权船后的短时间内适用，但规则16.1继续限制S改变航线的方式。S可以迎风偏转，前提是她迎风偏转的方式要给予P避让的空间，P必须准备好做出迅即回应，必要时要顺风换舷。因为在S迎风偏转时，P有空间迅即做出回应以避让S，所以S没有违反规则16.1。P没有避让，也没有避免与S发生接触，因此，P因违反规则10和14而受到判罚。

S还违反了规则14，当P不避让变得明显后，S本是可以避免接触的。但是，因为没有发生损坏和受伤，根据规则43.1（c）对其免责。

DEN 2005

# 案例106

## 定义，行驶航线

## 规则28.1，行驶竞赛航线

*当代表一条船航迹的连线位于终点标或门标的规定一侧时，拉紧它后，如果连线也从那些标志的非规定一侧通过，也是没有关系的。*

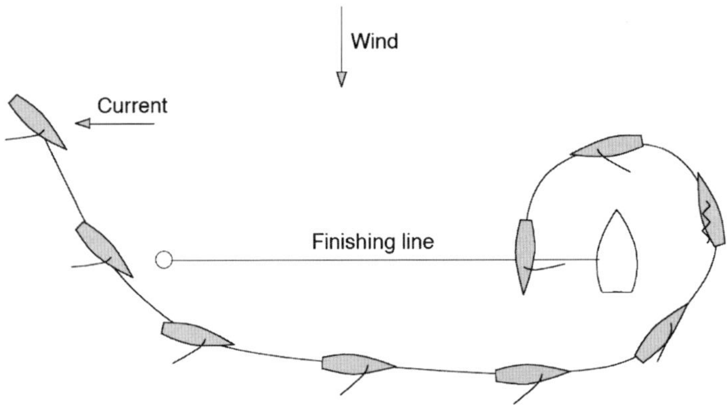


### 事实

当船接近顺风终点线时，一股潮流将其中一条船带到了一个终点标的外面。她行驶在整个终点线之外，绕过了另一个终点标，然后从航线一侧越过了终点线。

### 问题

这条船遵守了规则28.1吗？

### 答案

是的。当航线要求船从终点线的两个标志或门标间通过时，如果代表她航迹的一条线拉紧时，是自前一个标的方向通过了标志之间，这条船就遵守了规则28.1（参见定义行驶航线）。即使该连线也从终点线的一个标志或门标的非规定一侧通过，她也是遵守了规则28.1的。本例中，船在从规定的一侧通过终点线前，也从非规定一侧通过了作为终点线标志的浮标。

有关起航线处的类似事件的讨论，请参见案例90。

GBR 2004/4

# 案例107

## 规则14，避免接触

## 规则44.1，事件发生时的惩罚：解脱

## 规则64.2（a），裁决：惩罚

*在起航程序中，一条没有保持瞭望的船可能无法合理可行地避免接触。呼喊是船“采取措施避免接触”的办法之一。当一条船违反了规则第二章，造成严重损坏后退出竞赛，她就已经接受了适当的惩罚，不会因该犯规行为被取消资格。*

**事实**

在准备信号与起航信号之间，Ephesian在右舷，Jupa在左舷，两条船头对头驶近。两条船都是重量级的龙骨船，长度33英尺（10米）。两船都没留意到对方。两船的前甲板手一般都会站在前支索附近，但当时却在忙于处理前帆，船上的其他船员都没有保持瞭望。Ephesian速度缓慢，操纵性有限。两船发生碰撞，Jupa严重损坏，因此退出了竞赛。在因此导致的抗议中，Jupa因违反规则10被取消资格，Ephesian因违反规则14被取消资格。Ephesian上诉，称她无法通过改变航线或速度来躲避Jupa。

**裁决**

规则14开头就是“若合理可行，一条船须避免与另外一条船接触”。这个要求的意思就是在当时的情况下，一条船必须如别人所合理期待的那样尽其所能避免接触。这包

括在起航程序间，在起航区内行驶时保持瞭望，这个时候船之间通常离得很近并且都会频繁地改变航线。

抗议委员会的结论是：如果两条船中的其中任何一条注意到另一条，碰撞就可以避免，即使是在最后一分钟，特别是当清楚了Jupa不会改变航线避让时，如果Ephesian呼喊了Jupa，就能避免接触。直到那个时刻，规则14都允许航行权船推迟其避免接触的措施。紧接着那个时刻后，她必须开始采取尽力避免接触的行为。“行为”这个词并不仅限于改变航线或速度。呼喊就是当时Ephesian本可以做到的而且应该做的行为。Ephesian违反了规则14。因为碰撞造成了损坏，不能根据规则43.1（c）对Ephesian免责，抗议委员会取消Ephesian资格的裁决是正确的。因此，她的上诉被驳回。

很清楚，Jupa违反了规则10。因为她在碰撞中遭受了严重损坏，导致她退出了竞赛，因此，受到了适当的惩罚［参见规则44.1（b）］。规则64.2（a）禁止对其做出进一步惩罚。撤销对Jupa的取消资格，她被记为RET。

GBR 2004/6

# 案例108

## 定义，行驶航线

## 规则28.1，行驶竞赛航线

## 规则31，碰标

## 规则44.1（b），事件发生时的惩罚：解脱

## 规则44.2，事件发生时的惩罚：一圈和两圈解脱

*一条船碰标后解脱时无需做一个完整的360°转圈，她可以在绕标的同时完成解脱。如果她的绕标转圈包括一个迎风换舷和一个顺风换舷，并且是在避开其他船且不再碰标后迅即做的，没有出现因此获利的问题，那么这就可以算作她的解脱。*

**事实**

图示的4种情形下，船触碰了需左舷离开的绕行标志，之后做了包括一个迎风换舷和一个顺风换舷的转圈。

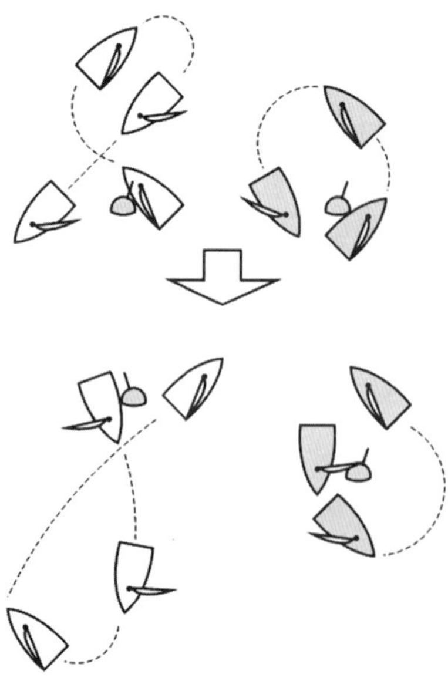

**问题**

在每一种情况中，该船所做的一圈解脱符合规则44和28.1吗？

**答案**

当一条船违反了规

则31时，她的惩罚通常是一圈解脱。但是，如果因碰标造成受伤或者严重损坏，或在该轮竞赛或系列赛中明显受益，对她的惩罚为退出竞赛［参见规则44.1（b）］。

图示的每一种情形中，她都做了符合规则44.2的一圈解脱，前提是：

（a）尽快解脱，并且在开始她的解脱前避开其他船；

（b）在她开始做解脱时，她不再碰标；并且

（c）在避开其他船后她就迅即做了解脱。

规则44.2没有要求做解脱的船要完成一个完整的360°转圈，或者其他任何特定度数的转圈，而且并没有限定不能在做解脱的同时进行另一个操作，比如说绕标。

图示的4种转圈方式都符合规则28.1。只要代表船行驶轨迹的线拉紧时位于标志的规定一侧，那么该船就遵循了规则28.1，即使（图上没有表现出来）这个解脱导致该船绕标志时多做了一个360°转圈。

GBR 2005/4

# 案例109

## 规则第二章　前言

## 规则56，雾中信号与灯光；分道通航制

## 《国际海上避碰规则（IRPCAS）》

*只有当航行细则有此说明时，《国际海上避碰规则（IRPCAS）》或政府航行权规则才在竞赛船之间适用，这种情况下它将替代规则第二章的全部规则。可以将某条IRPCAS规则或政府规定，而不是航行权规则包括到竞赛通知、航行细则或赛事执行的其他文件中，以使之适用。*

**问题1**

规则第二章前言和规则56.1提到的“政府规定”是什么？这些规定和IRPCAS有什么不同？

**答案1**

IRPCAS只对“公海和连接于公海而可供海船航行的一切水域”适用[IRPCAS规则1（a）]。在一国的港口、河流、湖泊或其他内陆水域，政府和其他政府机构可以建立其他规定。这些其他规定就是规则第二章前言和规则56.1中提到的“政府规定”。这些规定可以仅在国内所有的或者特定的内陆水域适用，可以重述、取代、更改或者补充进IRPCAS[IRPCAS规则1（b）和1（c）]。

**问题2**

当竞赛通知、航行细则和赛事执行的其他文件中都没有提到IRPCAS或政府规定时，IRPCAS中的任何规则或政府规定适用于在《帆船竞赛规则》下竞赛的船吗？

**答案2**

适用。当一条根据规则第二章竞赛的船与另一条不受此规则约束的船舶相遇时，IPRCAS或政府航行权规则在她们之间适用（参见规则第二章前言）。

此外，竞赛船须遵守IRPCAS的第10条规则，分道通航制（规则56.2）。最后，如果一条船按照IRPCAS或适用的政府规定装配了音响信号或灯光时，那么在竞赛时，她须按照IRPCAS或适用的政府规定发出雾中音响信号或灯光信号（规则56.1）。

**问题3**

竞赛通知、航行细则或者赛事执行的其他文件可以使IRPCAS或政府的航行权规则或其他IRPCAS规则或政府规定适用吗?

**答案3**

可以，有三种方法:

（1）仅有竞赛通知可以规定IRPCAS航行权规则或政府航行权规定取代规则第二章的所有规则［规则第二章前言和J1.2（12）］。远洋竞赛和夜间竞赛中通常会这样做。

（2）竞赛通知或航行细则可以规定IRPCAS或政府规定（非航行权规则）中特定的一条规则适用于本赛事，并把该规则的文本囊括在内［规则J2.2（29）］。

（3）规则的定义包括“（g）该赛事执行的所有其他文件”。这样的一份文件可以包括适用于该赛事的IRPCAS或者政府规定中的特定规则（非航行权规则）。要用来约束赛事，这个文件就必须被列入竞赛通知［规则J1.1（3）］，指明在哪里或怎样可以获得这个文件。

违反IRPCAS或政府规定中某条规则的船始终可以被负责执行该规则的管理机构起诉，但是只有在这样的规则“约束赛事”时，才可以根据此类规则提出抗议。

**问题4**

如果竞赛通知中的某条规则说明IRPCAS的航行权规则取代规则第二章，那么规则第二章中的哪些规则被IRPCAS的哪些规则所取代了？

**答案4**

规则第二章的所有规则都被取代了。包含了“操舵和航行规则”的IRPCAS的B章节其实就是“航行权规则”。但是，IRPCAS的B章节必须放在IRPCAS整体规则中结合使用，特别是A章节。比如，许多在B章节中使用的术语是在A章节中定义的。

**问题5**

能不能扩大或者缩小对参赛船使用的航行权规则的取代范围？

**答案5**

竞赛通知仅可以用IRPCAS或政府规定的全部航行权规则取代规则第二章的所有规则。扩大或者缩小参赛船之间适用的航行权规则的取代范围是不被允许的［参见规则86.1（b）］。

GBR 2005/1

# 案例110

## 规则62.1（b），补偿

*与一条违反规则第二章而受到惩罚的船发生接触而造成有形损坏的船，只有在损坏本身使她的分数或排名明显变差时才有权要求补偿。接触不一定使一条船对另一条船造成受伤或有形损坏。因为一个避让动作而造成的分数或排名变差，本身并不能作为要求补偿的理由。“受伤”是对某人造成身体损伤，规则62.1（b）中的“损坏”限于对一条船或其器材造成的有形损坏。*

**事实**

B需要避让A。然而，B却与A发生碰撞，在A能够继续向下一标行驶之前，航线调转了180°。A因此事件而落后了5个终点名次。她抗议B，并根据规则62.1（b）要求补偿。在审理中，A抗议成功，B被判罚。抗议委员会还认定A发生了有形损坏，但这一损坏本身并不影响她以正常速度进行竞赛的能力。

**问题1**

A有权利要求补偿吗？

**答案1**

无权。根据规则62.1（b），损坏本身必须是致使一条船分数或名次明显变差的原因。本案例中，损坏对A的分数没有影响。

**问题2**

两船之间是否必须发生接触才能根据规则62.1（b）要

求补偿?

**答案2**

不必。当一条船在采取措施避免与另一条违反规则第二章的船发生接触时遭受了船员受伤或有形损坏，如果认定该受伤或损坏并非其自身原因而使其分数或名次明显变差时，她就有权要求补偿。另请参见案例135。

**问题3**

如果没有发生碰撞，因为A有能力改变航线180°躲避开B，但A却损失了5个终点名次，那么，她是否遭受了规则62.1（b）中所使用的术语“受伤”或“损坏”?

**答案3**

否。竞赛规则中的“受伤”仅指对某人的身体损伤，“损坏”仅限于对船或其器材的有形损坏。

USA　1996/73和2007/98

# 案例111

## 规则30.2，起航惩罚：Z旗规则

## 规则30.4，起航惩罚：黑旗规则

*如果一条船在造成全部召回的起航程序中违反了规则30.2或30.4，那么，即使该轮竞赛在起航程序前被推迟了，或者是在其后的起航程序中于起航信号前发出了推迟信号，竞赛委员会也需要对她进行惩罚。*

**问题1的事实**

准备信号时，竞赛委员会展示了Z旗。在起航信号前1分钟内，A被识别出位于起航线两端与第一个标志形成的三角区域内。起航信号后，竞赛委员会发出了全部召回信号。然后竞赛委员会开始了该轮竞赛的第二次起航程序，并再次展示Z旗作为准备信号。在移除准备信号后，但在起航信号前，竞赛委员会发出了推迟信号。稍后，竞赛委员会开始了第三次信号程序，第四轮竞赛成功起航，且完成了竞赛。

A被给予了20%的分数惩罚，她以竞赛已经被推迟为理由要求补偿，而竞赛确实于起航信号前推迟了两次，因此，根据规则30.2第三句话，她不应受到惩罚。

**问题1**

当竞赛委员会给A施加20%的分数惩罚时，这是规则30.2下的正确做法吗？

**答案1**

是的。规则30.2的前三句话指的是单次的起航程序。

A在她起航信号前最后1分钟内被识别出位于起航线两端与第一个标志形成的三角区内的那一轮起航程序并没有于起航信号前被推迟或放弃。因此，竞赛委员会根据规则30.2给予A20%的罚分是正确的。这并不是不当行为，A没有权利要求补偿。

第二次起航程序期间，如果在准备信号移除与推迟信号发出之间被识别出位于三角区内，那么，若根据规则30.2给予这条船20%罚分就是不当行为。

**问题2的事实**

事实与问题1的情况一样，但在第一次和第二次起航尝试时准备信号用的是黑旗。在第二次起航尝试的预告信号前，竞赛委员会展示了A的帆号。在第二次起航程序中，A行驶在起航区域内并在第三次起航程序后参加了竞赛。未经审理，A被记为DNE。

**问题2**

竞赛委员会未经审理记A为DNE，是规则30.4下的正确做法吗?

**答案2**

是的。答案1中的理由也适用于此。竞赛委员会未经过审理记A为DNE是正确的，A无权要求补偿。

在第二次起航程序中，如果一条船在准备信号移除与推迟信号发出之间被识别处于三角区内，那么，若未经审理就根据规则30.4取消该船的资格就是不当行为。

世界帆联　2009

# 案例112

## 定义，到达终点

## 定义，行驶航线

## 规则28，行驶竞赛航线

## 规则61.1（a）（3），对抗议的要求：通知被抗议人

*一条在行驶航线过程中犯错但没有改正错误的船，在她到达终点前都不算违反规则28.1。如果一条船犯了这样的错误，第二条船可以在第一条船到达终点前或者到达终点后的第一合理时机告知第一条船她的抗议意图。*

**事实**

A从错误的一侧离开了航线的第一个标志。然后，在没有改正错误的情况下，她正确的行驶完后面余下的航线并从航线一侧越过终点线，随后返回了港口。另一条船B看到A从错误的一侧离开第一个标志，决定抗议她。

**问题1**

A越过终点线时算是到达终点了吗？

**答案1**

A到达终点的前提是她根据到达终点的定义越过终点线，无论她有没有按照行驶航线的定义去行驶航线。因为A在越过终点线后没有继续行驶航线，她越过终点线的那一刻就是根据定义到达了终点［参见定义到达终点（c）］。

**问题2**

A何时违反了规则28.1？

**答案2**

当A从错误的一侧离开第一个标志时就犯了错。但是，规则28.2允许她在到达终点之前，而不是到达终点之后的任何时刻改正错误。因此，直到她到达终点前，她都没有违反规则28.1。

**问题3**

B何时必须通知A她的抗议意图？

**答案3**

规则61.1（a）（3）规定B不需要呼喊“抗议”或展示红旗，但是必须在A到达终点前或者在A到达终点后的第一合理时机告知A她要抗议的意图。

GBR　2003/4

# 案例113

## 规则20，障碍物旁迎风换舷的空间

*本例是以下情况出现时，如何运用规则20的解释：三条近迎风同舷行驶的船驶近障碍物，最下风的船呼喊迎风换舷的空间，但又无法迎风换舷，除非在她上风的两条船都迎风换舷。*

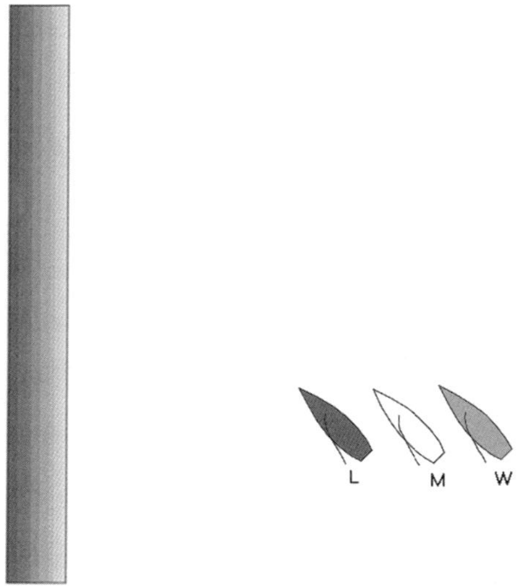


### 事实

L、M与W以右舷行驶在近迎风航线上。她们正驶向一个若L不做出明显的航线改变就无法安全避开的障碍物。该障碍物不是标志。当这些船处于图中所示位置时，L呼喊“迎风换舷空间”，声音大得足以被M与W听到。当L呼喊时，显然M与W两船都必须迎风换舷，以给予L空间，M没有迎风换舷和躲避W的空间。

**问题1**

规则20.2（c）要求W对L的呼喊做出回应吗?

**答案1**

是的。当不与呼喊船相邻的船已经听到了呼喊，并且不得不在呼喊船能够迎风换舷前做出回应，那么，她就是规则20.2中的“被呼喊船”，她须做出相应的回应。

**问题2**

在L呼喊后，M需要立即向W呼喊迎风换舷的空间吗?

**答案2**

需要，如果W没有对L的呼喊做出回应，M就要这样做。因为本案例中M没有回答“你迎风换舷”的选择权，规则20.2（c）要求M尽快地迎风换舷，以对L的呼喊做出回应。因此，如果M因为W的存在没有办法迎风换舷，她必须立即向W呼喊迎风换舷的空间，即使在没有L存在的情况下，M还未达到需要呼喊迎风换舷的条件要求，规则20.3也允许M呼喊W。如果她没有呼喊空间，以至无法尽快地迎风换舷，她就违反了规则20.2（c）。

世界帆联　2009

# 案例114

## 定义，绕标空间

## 定义，空间

## 规则16.1，改变航线

## 规则18.2（b），绕标空间：给予绕标空间

## 规则31，碰标

*当一条船有权要求空间时，这个空间包括她履行规则第二章和规则31义务的空间。*

**问题1的事实**

当A、B、C中的第一条船抵达标区时，A、B与C同舷风相联。A在外侧，C在内侧，B介于她们之间。

**问题1**

规则18.2（b）要求A给予B足够的空间，以使B能给予C绕标空间吗？

**答案1**

是的。定义绕标空间中使用了定义术语“空间”，空间包括一条船履行规则第二章和规则31义务所需要的空间。要求A给予B的空间包括B履行规则第二章义务的空间。因此，规则18.2要求A给予B足够的空间，以使B给予C绕标空间。

**问题2的事实**

L、M与W同舷风相联，L在下风，W在上风，M在她们之间。L没有正当航线的限制，她迎风偏转。M与W

都迎风偏转以回应L的迎风偏转。

**问题2**

规则16.1要求L给予M足够的空间，以使M给予W避让的空间吗?

**答案2**

是的。当M改变航线避让L时，规则16.1要求M给予W避让的空间。要求L给予M的空间包括M履行规则第二章义务所需的空间。因此，规则16.1要求L给予M足够空间，以使M给予W避让的空间。

**问题3的事实**

起航线右端标志被航行水域包围着。当驶近起航线去起航时，L与W右舷相联。L行驶的航线距离该标志足够远，以使得W可以在L与标志之间驶过。W驶入了L自愿给予的空间内。当W在标旁后，L迎风偏转，W迅即迎风偏转做出回应，以避让L。然而，为了避让L，W被迫碰标。

**问题3**

L遵守了规则16.1吗?

**答案3**

没有。规则11要求W避让，正如规则C节前言所述，她无权根据规则19要求空间，也无权根据规则18要求绕标空间。然而，当L改变航线时，W有权根据规则16.1向L要求避让的空间，包括W履行规则31义务所需的空间。L的航线改变没有给予W避免碰标的足够空间。因此，L违反了规则16.1，根据规则43.1（b），对W违反规则31的行为免责。

另请参见案例146。

**问题4的事实**

与问题3的事实相同，但是竞赛通知或航行细则中已经删除了规则31，该标志是一条竞赛委员会船或其他的实物性物体。

**问题4**

L遵守了规则16.1吗？

**答案4**

没有。根据规则16.1有权要求空间的船有权获得她以正常的航行操作去避让所需的空间。与这样一个标志接触存在造成竞赛船或竞赛委员会船损坏的风险，承担这样的风险不是正常的航行操作。

世界帆联　2010/世界帆联于2013年修订

# 案例115

## 规则66.1，重新审理

*规则66中用到的“新”一词的解释。*

**问题**

抗议委员会在决定证据是否为“新”的时用到的标准是什么？

**答案**

以下情况中的证据就是“新”的：

- 如果是要求重新审理的一方在原审理前不可能发现的证据，
- 如果抗议委员会确信在原审理前，要求重新审理的一方努力地去寻找了但没有成功获得的证据，或
- 如果抗议委员会从任何途径获知在原先审理的时候对各方或对委员会不可用的证据。

世界帆联 2011

# 案例116

## 规则62.1（b），补偿

## 规则64.3，裁决：补偿的决定

## 规则A9，补偿指南

*关于以下情况的补偿讨论：一条船在系列赛初期损坏，损坏造成她无法继续进行余下的竞赛，她根据规则62.1（b）要求补偿。在这种情况下，为了对系列赛中的其他船公平起见，抗议委员会应确保在去掉任何分数后，在她的系列赛成绩中，少于一半的轮次分数是基于平均分的。*

**事实**

一场赛事要进行两天，计划进行5轮竞赛。计分方法规定如果完成5轮竞赛，每条船的系列赛得分为去掉最差的轮次分数后其他轮次分数的总合。第一天，仅完成1轮竞赛。A以第二名的成绩到达终点。第二天，A在第2轮竞赛中第5个达到终点。第三轮起航前，A与B发生碰撞，损坏相当严重，以至于A无法完成本系列赛余下轮次的比赛。她抗议B，并根据规则62.1（b）要求补偿。抗议委员会认定A有权获得补偿，并根据规则A9（b）给予A第3轮与第4轮的成绩为第1轮与第2轮的平均分。A的第5轮记为DNC，但该轮成绩被去掉了。A尽管只完成了5轮竞赛中的2轮，但她的系列赛分数最低，所以取得了该比赛第一名。

**问题1**

给予A的补偿是否得当？

**答案1**

不得当。虽然抗议委员会未违反任何规则，但它的补偿决定并不是对所有受影响船的合理公平的安排（参见规则64.3）。本案例中，将平均分授予一条船半数的轮次计入系列赛分数对其他船是不公平的。

**问题2**

给予A什么样的补偿才是公平的？

**答案2**

在给予补偿时，抗议委员会应确保在去掉任何分数后，在她的系列赛成绩中，少于一半的轮次分数是基于平均分的。不同的情况需要不同的补偿安排。本特例中的一种可能性是，抗议委员会只对A发生碰撞的那一轮竞赛进行补偿。

世界帆联 2011，修订于2021

# 案例117

## 定义，障碍物

## 规则15，获取航行权

## 规则19.2（b），通过障碍物的空间：在障碍物旁给予空间

*三条船同舷受风，其中明显在后的两条相联船在超越第三条船，如果后面的下风船与前面的船变为相联，则前面的船就不再是障碍物，规则19.2（b）不适用。在任何情况下，一排彼此靠近航行着的船不是连续障碍物。*

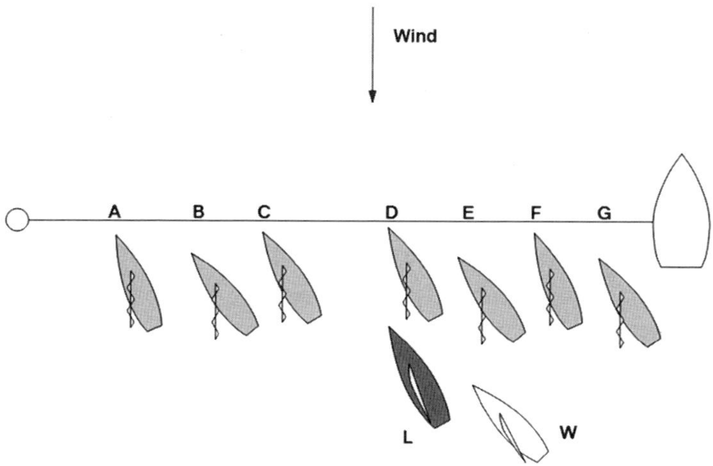


### 事实

起航信号前约15秒钟。A、B、C、D、E、F和G在距离起航线下面很近的地方以右舷风保持位置。L与W从后面驶近这一排船。没有足够的空间可以使L与W从前面相邻的两船间的空隙中通过。

**问题1**

如果L与D变为下风相联，与此同时，W明显在后于D，L需要给予W从D下风通过的空间吗？

**答案1**

不需要。当L与D变为下风相联时，她获得了对于D的航行权，因此，D对L与W不再是障碍物。基于此原因，规则19.2（b）在L与W间不适用。反而，规则11开始适用于L与D之间，但是，规则15要求L在开始时给予D避让的空间。规则12要求W继续避让D，规则11要求W避让L。

在L与D变为下风相联后，L对D与W均拥有航行权。因此，此时L对D与W变为障碍物，如果W与D变为了相联，规则19.2（b）就开始在D与W之间适用。规则19.2（b）要求D给予W从她和L之间通过的空间，除非从W与D相联开始的那一刻起D就无法给予空间了。

**问题2**

如果对L与W两船来讲，没有从C与D之间空隙通过的空间，这是否意味着L必须允许W进入该空隙，而不是自己从该空隙中通过？

**答案2**

否。

**问题3**

根据障碍物的定义，正在竞赛的船永远不是连续障碍物。尽管如此，是否会有一种情况，例如本图中的情况，彼此靠得很近行驶的一排船是否会成为连续障碍物？

**答案3**

不会。

世界帆联　2011

# 案例118

## 定义，绕标空间

## 定义，空间

## 规则18.2（b），绕标空间：给予绕标空间

*在绕标空间的定义中，"行驶到标志的空间"这个短语表示以正常的航行操作迅即驶到那个接近标志并在标志规定的一侧的位置所需要的空间。*

### 事实

UM8与UM10左舷相联，UM8在内侧，驶近一个须左舷一侧离开的下风标，随后如图所示绕过该标志。下一

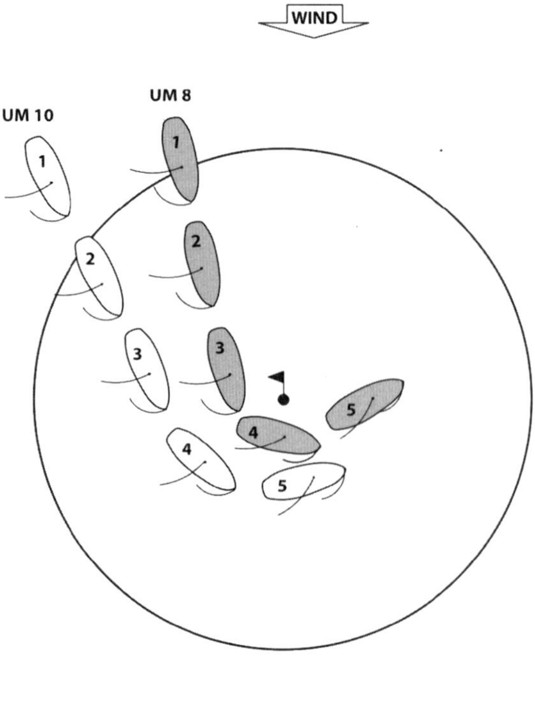

航段为驶向上风的迎风航段。风力中等，海况可以不计。UM8根据规则18.2（b）抗议UM10，理由是UM10没有给予她行驶到该标志和绕行该标志的空间。抗议委员会裁定UM10确实给予了UM8她有权获得的空间，驳回了该抗议。UM8上诉。

**裁决**

为了行驶航线，UM8有必要在绕标时从侧顺风行驶改变航线至近迎风航线。因此，她的正当航线是在她绕行时驶近至标志某一点。因为UM8有权要求绕标空间，所以她有权根据空间的定义获得以下空间：

- 以左舷一侧离开该标志的空间，
- 行驶到该标志的空间，和
- 绕过该标志驶至近迎风航线的空间。

“驶向标志的空间”这段话意味着以正常的航行操作立即驶到一个接近标志并处于标志规定一侧的位置。本案例中，UM8在图中的位置3处已经驶到了标志，因此时标志与其船头齐平并且已经靠近标志。从位置 3 至位置5，她是在绕标，因此她有权获得以正常航行操作从侧顺风迅即转向近迎风航线的空间。

本图显示UM10给予了UM8驶向标志规定一侧和因行驶航线所需的绕过它的空间。因此，抗议委员会对规则18.2（b）和定义绕标空间的三个组成内容的运用是正确的。UM8的上诉被驳回，维持抗议委员会的裁决。

USA　2011/105

# 案例119

## 规则62.1（a），补偿

## 规则A3，起航时间和到达终点名次

*当一轮竞赛是按评级制进行时，用于计算船的修正时间的评级系数是她进行这一轮竞赛时的评级系数。如果之后评级管理机构按自己的意志改变了她的评级系数，她的分数也不应被改变。*

**事实**

A报名并参加了一个永久的流动杯比赛的一轮竞赛，竞赛委员会根据她竞赛时有效的性能让分系数证书给她记分。没有针对她的抗议，也没有船因A的记分不正确而要求补偿。

该轮竞赛结束几星期后，评级管理机构根据自己的意志改变了A的评级系数。在该轮竞赛结束到她的评级系数被更改期间她的船体与装备没有任何改变。当竞赛委员会了解到A的评级系数变了时，就用新的系数给A重新记分了，这使得A的分数明显变差。

A要求补偿，称竞赛委员会重新对该轮竞赛记分是不正确的。抗议委员会认同此说法，根据规则62.1（a）给予了A补偿，恢复了她原来的分数。

**问题**

竞赛委员会根据A的评级系数的变化重新记分是不当的行为吗？给A的补偿是否恰当？

**答案**

竞赛委员会重新记分是不当行为。即使是船体与装备都没有变化，评级管理机构也可以随时改变一条船的评级系数。这一点对性能评级制来说尤其普遍。这类方法的部分依据是该船在以往竞赛中的性能表现，经过一段时间后这是会变的。

某轮竞赛进行时某船的评级系数是竞赛委员会根据规则A3计算其修正时间时应该使用的系数。竞赛委员会给A的原分数是根据竞赛当时的评级系数计算的。因此，抗议委员会给予A的补偿是恰当的。

USA　2011/104

# 案例120

## 规则41（c），外部援助

*规则41（c）中的“可随意获取的信息”是在竞赛中所有船都容易获得且无金钱成本的信息。规则41（c）是一条可以在赛事中更改的规则，前提是遵循规则中建立的程序。*

**问题1**

规则41（c）中“可随意获取的信息”这一术语是什么意思？

**答案1**

“可随意获取的信息”是指在竞赛中所有船都容易获得的无金钱成本的信息。“容易获得”的意思是可以从公共资源里获得的信息，选手们可以合理地知道这些信息，并且不需要费多大劲就可以找到。不太费劲就可找到的信息的举例是，通过广泛使用的搜索引擎搜索时位于置顶位置附近的信息。付费获得的信息（即使是很少一点钱）或者是在一轮竞赛中不易被所有船获取的信息就不是“可随意获得的”。可举的例子是，仅向那些支付过订阅费或其他费用的船提供的信息，以及那些在互联网上的位置被隐藏或屏蔽的信息。

设备、软件及通信服务的费用并不是用那个设备、软件或通信服务获取信息的费用。例如，选手的电脑、手机及上网费用并不会被认为是那位选手用那个设备获取信息的费用。如果在获取该信息时没有交费，该信息就是“可随意获得的”。

但是，如果信息的获取仅针对那些从提供信息的组织或个人手里购买了专用设备或软件的人士，则该信息就不是“可随意获得的”。即使在使用这些专用设备接收信息时没有再进行额外收费，这些信息也不是“可随意获得的”。例如，任何可以使用现有互联网账户免费检索的数据或信息都是“可随意获得的”。然而，如果数据或信息只有在为专用硬件或应用软件提供信息的个人或组织付费后才能访问，则该数据和信息就不是“可随意获得的”。

除以上考虑因素外，如果信息在可以获取时已经接近起航而选手没有足够时间查寻并熟悉它时，该信息就不是“可随意获得的”。这可以防止某位选手刚好在竞赛前安排将数据公布出来，而其他选手没有时间查到它并熟悉它。

需要注意的是，除了规则41的规定外，级别规则也可以禁止在船上使用某种设备，这样的级别规则可以限制船对信息的使用。

**问题2的事实**

A是条大船，有大量的空间放置装备，船上有专门的船员负责导航和气象服务。她装有月付费为5000美元的Inmarsat或VSAT系统，可以大量下载数据并浏览互联网。该船有非常好的互联网使用配置，其目的是获取数字气象信息用于规划航线。该船使用的所有数据都是全年免费提供的，对于使用互联网的所有人开放。没有任何数据是从Inmarsat或VSAT通信供应商那里下载的。

B是一条40英尺（12米）长、有8位船员的帆船。她使用了一台小型平板电脑，内装手机数据卡并支付过类似于手机通信费的小额度月费。船员购买了一个路径和天气分析应用程序供竞赛期间使用。应用程序的费用是2000美元，任何人都可以在公开市场上购得。应用程序里包括预付费的气象数据订阅费，可以在竞赛过程中下载数据。这些数据对所有购买了该应用程序的人而言是一样的。该气象数据是专为帆船竞赛订制的。这些气象数据与其他气象或路径应用程序不能共享，若不购买路径和气象分析软件就无法应用。

C是一条40英尺长、有8位船员的帆船。她使用了一台小型平板电脑，内装手机数据卡并支付过类似于手机通信费的小额度月费。船员正在下载高清晰度气象文件，支付了一笔小额月费。该文件没有专为该船量身定做；所有付过订阅费用的船都收到了同样的数据。如果不付费就不能获得这些数据，即使是在岸上有网络连接时也不能获得。

D是一条40英尺长、有8位船员的帆船。她使用了一台小型平板电脑，内装手机数据卡并支付过类似于手机通信费的小额度月费。她还按合同支付了约15000美元的费用用于订阅为竞赛定制的私人气象数据。该私人气象数据包括超高分辨率卫星图像，在上面所有的短时暴雨都可以看到并追踪到。这些图像并不是专为某条特定的船订制的，任何付过费用并有能力下载它的船都可以使用。

**问题2**

如果她们运用上述服务接收信息是否违反规则41（c）?

**答案2**

A没有违反规则41（c）。她没有为她接收到的服务付过费用。向类似于Inmarsat或VSAT这样的通信系统付费，支付月度通信费使她能够在网上通信并获取信息并不违反规则41（c）。

B违反了规则41（c）。若不用B购买的特殊用途的软件就无法获得B所下载的路径与气象信息。因此，她所接收到的信息对没有购买该软件的船并不是可随意获得的。

C与D都违反了规则41（c）。她们支付的费用使她们能够接收到如果不付费就无法接收到的信息。为信息付费的条件，不管是多还是少，都意味着如果不付费就无法获得，所以这些信息就不是“可随意获得的”。

**问题3**

可以为某场特定赛事更改规则41（c）吗？

**答案3**

可以。参见规则86.1。规则41（c）是可以为一场赛事进行更改的规则，只要遵从了规则中对这类规则更改的规定程序就行。案例121中讨论了该程序。

**问题4**

可以在不更改规则的前提下，改变规则41（c）中的限制条件吗？

**答案4**

不可以。

世界帆联　2012

# 案例121

## 规则85，规则的更改

## 规则86，竞赛规则的更改

## 规则J1.2（2），竞赛通知的内容

## 规则J1.3（1），竞赛通知的内容

## 规则J2.1（1），航行细则的内容

*详细描述了要更改某条竞赛规则所必须遵守的程序。*

**问题1**

在竞赛通知和航行细则中，为某场特定赛事更改竞赛规则所必须遵守的程序是什么？

**答案1**

必须遵守以下程序：

（1）确定你想更改的这条规则是否可以改。规则86.1（b）规定一些特定规则是不可以更改的，除非规则本身允许这样的更改。在特定情况下，规则86.2和86.3允许规则86.1（b）的例外。如果规则不可以更改，任何更改它的尝试都是无效的。

（2）规则85.1要求对任何规则的更改，包括对竞赛规则的更改，必须特别指明是哪条规则要更改，并完整说明更改内容。在阅读该说明后，读者应该可以准确地知道如何读懂已更改的规则。还需要注意的是，根据规则85.1，对于规则的增补、全部删除、部分删除也是对规则的“更改”。

（3）规则89.2（a）要求组织机构发布遵从规则J1的竞赛通知。根据规则J1.3（1），组织机构必须决定对竞赛规则的更改的了解能否帮助选手决定是否参赛，或者能够在拿到航行细则前向选手提供所需的信息。如果是这样，对竞赛规则的更改就必须在竞赛通知中进行说明。

（4）规则90.2（a）要求竞赛委员会发布遵从规则J2的书面航行细则。规则J2.1（1）要求对某一赛事，任何在竞赛通知中未说明的竞赛规则的更改都要在航行细则中进行说明。

（5）除（3）和（4）外，根据规则86.2进行的规则更改必须在竞赛通知中说明［参见规则J1.2（2）］。此外，世界帆联批准更改的声明必须包含在竞赛通知或航行细则中，并张贴在官方公告栏上。

当根据规则86.3进行规则更改时，则需要国家和地区管理机构的批准书。

**问题2**

可以在不遵守问题1中所述程序的情况下为某场赛事更改某条竞赛规则吗?

**答案2**

不可以。

世界帆联　2012，修订于2021

# 案例122

## 规则69.2（g），品行不端：抗议委员会的行动

*术语“完全满意”的解释及应用举例。*

**问题1的事实**

根据抗议委员会收到的报告，抗议委员会确信某人（选手、船东或后援人员）可能已经违反了规则69.1（a）。它召集了审理，向这一方和证人进行了取证。

**问题1**

规则69.2（g）要求抗议委员会在警告或判罚某人前，须达到“抗议委员会完全满意，同时要考虑到被控品行不端的严重性”，来确定该人已经违反了规则69.1（a）。

规则69.2（g）中用到的“完全满意”是什么意思？

**答案1**

“完全满意”是在法庭或和议庭审理时常常用到的三个认定标准之一。另外两个标准是“排除合理怀疑”和“盖然性权衡”。“排除合理怀疑”是三个标准中最为严格的标准。通常是在处理严重刑事案件时使用的标准。“盖然性权衡”（有时也称“优势证据法则”）是三个标准中严格程度最低的标准，通常在民法程序中使用。*（译者注：“完全满意”也称“高度盖然性标准”，其严格程度介于“盖然性权衡”和“排除合理怀疑”之间。）*

世界反兴奋剂组织和体育法庭都运用“完全满意”这一标准。世界反兴奋剂组织在确定运动员是否违反世界反兴奋剂条例时就用此标准进行审理听证。该条例第3.1条规

定，要深刻地认识到该项违规指控的严重性，审理小组要对是否违反规定达到“完全满意”的证据标准。条例第3.1条还规定说，“所有案件中的证据标准均应高于盖然性权衡的低标准，但低于排除合理怀疑的标准。”

规则64.1（a）规定抗议委员会须基于“盖然性权衡”标准做出裁决，除非涉嫌违反了的规则另有规定。“盖然性权衡”证据标准指违规的可能性是否更大。

规则69.2（g）特别要求抗议委员会在进行规则69的审理时要采用更加严谨的“完全满意”证据标准。该规则进一步规定在委员会确定犯规轻重程度时，要对认定是否构成犯规达到“完全满意”的证据标准作为考虑因素。“完全满意”的标准永远比“盖然性权衡”的标准严谨，但其严谨程序低于“排除合理怀疑”的标准。根据摆在委员会面前的指控的严重程度，证据标准就像是这两个限制点之间的可调游标尺。

在指控得到证实之前，对待选手要像对待无辜的人一样，这也是与违纪相关的处理程序中的一条基本原则。因此，“完全满意”的部分测试标准就是呈现在委员会面前的证据是否能充分证明该选手不是无辜的。

规则导言中有关术语那段的最后一句话，暗示规则69.2（g）中的词语“完全”和“满意”与“日常使用时的理解相同”。“完全”和“满意”都是日常生活中频繁使用的词语，所以大部分仲裁对它们的日常使用是熟悉的。仲裁们也可以考虑对所得出的任何结论是否有感觉到“不完全满意”的地方。如果不完全满意，就不能算作“完全满意”。

需要注意的是，在规则69的审理中，抗议委员会在确定要根据规则69.2（h）或69.2（i）警告或判罚某一位选手或船之前，对于下列两个问题的回答都必须为“是”：

• 所认定的事实说明确实发生了被指控的犯规，委员会对这一点是否能做到完全满意？

• 所发生的行为构成了严重品行不端，足以值得被警告或判罚，委员会对这一点是否能完全满意？

正如规则69.1（b）所规定的，品行不端的行为可能是不文明礼貌，破坏体育精神的举止或不道德的行为，或可能给体育运动抹黑的行为。

**问题2**

请提供一个合理示例，包括涉嫌品行不端事件的报告和根据规则69.2，使用“完全满意”标准进行审理的报告。

**答案2**

A参加了赛前丈量，规定的一个压重校正物用一些螺丝正确的固定在了舱室地板下面。赛事期间，技术委员会的一名成员对A进行了抽查，发现该压重校正物不在了。技术委员会抗议A违反了规则78.1和规则2，根据抗议审理所得出的结论，抗议委员会因A违反了这些规则而取消了她的资格。

然后，抗议委员会决定根据规则69.2（b）和（e）召集审理，在给A船员的通知中，声明其涉嫌移走了压重物，该行为属于品行不端，因此违反了规则69.1（a）。A出席审理的代表是P，他是A的船长，也是A的负责人。P否认知道压重物丢失这件事。他解释说该船没有上锁，晚上也没有人值守。他断言有其他人在晚上将该重物移走了。A的船员被召来作证人。他们也作证说不知道该压重物被移走，他们也没有证据能够证明船舱地板被移动或者更换过。

几乎所有证据都支持A的某位船员将压重物移走的这一指控。因为移动重物时需要工具，抗议委员会得出的结论是该重物是故意被人移走的（而非意外）。A因重物的移走而获益，而且该移走行为不易被发现，因为舱室地板是用螺丝紧固到位的。唯一矛盾的证词是所有船员都否认移走了该重物。抗议委员会推断出的完全满意的结论是：A的某位船员移走了重物，该行为构成品行不端，因此违反了规则69.1（a）。根据规则69.2（h）（2）对A进行判罚，她在该场赛事中所有轮次被记为DNE。

因为几乎所有的证据都支持了该指控，抗议委员会运用“盖然性权衡”的证据标准也能达成同样结论。然而，如果抗议委员会运用“排除合理怀疑”的证据标准，很可能会得出不同的结论。没有一位A的船员承认移走了重物，原则上讲，有可能别人移走了该重物，因为该船经常无人值守，也没有上锁。因此，重物有可能在A的船员不知情的情况下被移走。所以，如果采用“排除合理怀疑”的证据标准，抗议委员会可能不会得出是A的某位船员移走该重物的结论。

世界帆联　2012

# 案例123

## 规则10，相对舷风

## 规则14，避免接触

*当一位非专业但称职的、在掌舵右舷船的舵手确信存在与一条左舷船产生接触的重大风险时，如果右舷船仍然有足够的时间改变航线避碰，但却发生了接触，右舷船就违反了规则14。*

**问题1的事实**

在10节风的群发赛中，两条5米长的统一设计级帆船都行驶在相互接近的近迎风航线上。S是右舷受风而P是左舷受风。两条船都保持着各自的航线与航速。S的船头在P右舷后部距离P船尾约20厘米处与之发生接触，造成了损坏。两条船都没有解脱。S抗议P。

**问题1**

该事件中如何运用规则？特别是，S违反了规则14吗？

**答案1**

在这种情况下，P判断错误，它以为可以从S的前方通过并不会违反规则10。P应该换舷至S的下风来避让S，从而避免碰撞。因为P没有这样做，所以她违反了规则10和14，被取消资格。

规则14要求一条船，包括航行权船，在合理可能的情况下避免与另一条船接触。但是，规则14也指出，在另外一条船“明显地”不避让之前，航行权船无需采取避免接触的行为。在上述情况中，当P的船头从S的船头前方通过时，称职但不一定是专业水手的S舵手就应该清楚这里存在着极大的接触风险，并且P没有对其进行避让。在那一刻，S仍有足够的时间改变航线去避免接触，因此，S违反了规则14。由于接触造成了损坏，不能根据规则43.1（c）对S免责；S被取消资格。

**问题2的事实**

事实与问题1相同，但在发生接触前，S轻微地改变了航线，试图避开P。但是，S对操作判断失误，发生了接触，造成了损坏。

**问题2**

S违反了规则14吗?

**答案2**

如答案1所言，在P不会避让变得明确时的那一刻，S仍有时间进行有效的顺偏去避免接触。因此，S有合理的可能去这样做。S既没有有效地顺偏，也没有尽早地开始顺偏，但这并不意味着她没有合理的可能去避免接触。因此，尽管在发生接触之前S轻微改变了航线，她仍然违反了规则14。由于接触造成了损坏，不能根据规则43.1（c）对S免责，S被取消资格。

世界帆联 2013

# 案例124

## 规则19.2（a），通过障碍物的空间：在障碍物旁给予空间

## 规则19.2（b），通过障碍物的空间：在障碍物旁给予空间

## 规则43.1（b），免责

*在两条船驶近一个障碍物的任何时刻，那时的航行权船可以选择从障碍物的任意一侧通过，前提是随后她要遵守相应的规则。*

**事实**

竞赛中，AW和BL正在驶近一个可从任一侧通过的障碍物。在位置1，AW略微明显在前，航迹是驶向BL的上风。在位置2，AW在BL的上风与之变为相联。

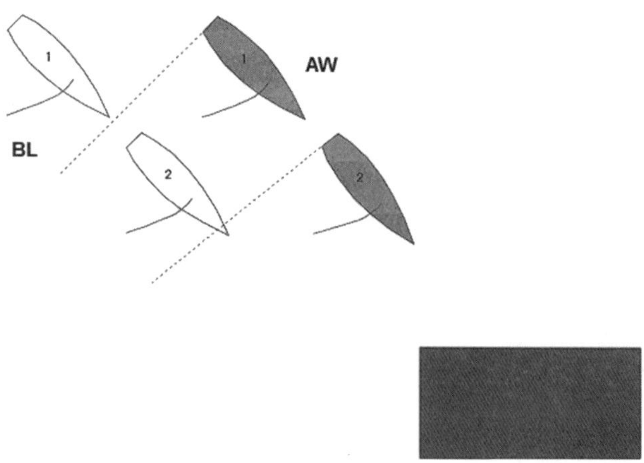

**问题**

在位置1，AW明显在前，因此根据规则12拥有航行权。当两船开始相联时，根据规则11，BL变为航行权船。规则19.2（a）规定，航行权船可以选择从障碍物的任意一侧通过。在此例情形下，我们如何判定哪条船拥有选择权？

**答案**

在任何时刻，根据规则19.2（a），在那一刻拥有航行权的船有权利选择从障碍物的哪一侧通过。因此，当AW明显在前于BL时，AW有选择从障碍物的任意一侧通过的权利。当两船变为相联时，AW失去航行权，那个时候BL有权利做出选择。

当航行权船根据规则19.2（a）做出选择时，她必须遵守A节和B节的适用规则。如果船相联，规则19.2（b）适用。如果那样的话，外侧船必须给予内侧船在她与障碍物之间的空间，除非从相联开始的时候她已经无法做到这一点。当内侧船根据规则19.2（b）行驶在有权要求的空间内时，规则43.1（b）适用。

世界帆联 2013

# 案例125

## 定义，障碍物

## 定义，空间

## 规则19.2（b），通过障碍物的空间：在障碍物旁给予空间

## 规则43.1（b），免责

## 规则43.1（c），免责

*当一条外侧相联的船需要给予一条或多条内侧船通过障碍物的空间时，所给予的空间必须足够大，大到使所有内侧船都能履行规则第二章的义务。*

**事实**

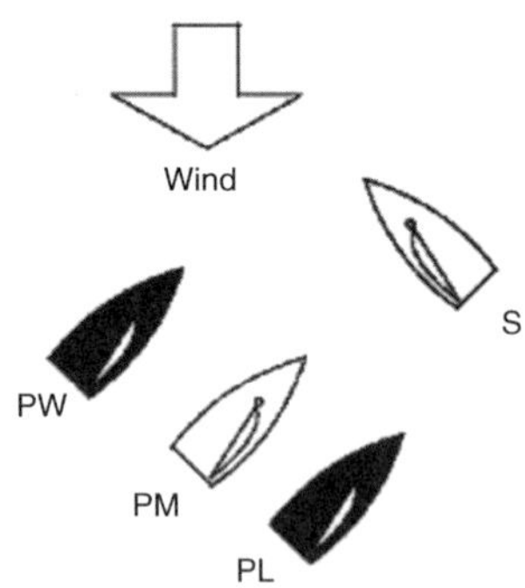


PW、PM和PL船都为左舷近迎风行驶的相联的船。S右舷近迎风行驶。PW和S行驶在相撞的航线上。PM和PL都不需要改变航线就可以从S的后面安全通过。PW顺风偏转从S的后面通过，没有发生接触，PM顺风偏转，给予了PW这样做的足够空间。PL保持原航线行驶，与PM发生了接触，没有损坏或受伤。没有船解脱。PM抗议PL。

**问题**

规则如何适用于本事件？哪条船或哪几条船应该被取

消资格？

**答案**

对于PW、PM和PL来说，S是障碍物，因为她们中的每一条船正直驶向S并且距离S一倍船长时，需要明显改变航线，因为规则10要求她们都要避让S（参见障碍物的定义）。根据规则19.2（a），PL有权利选择从S的任意一侧通过，因为相对于PM和PW，PL拥有航行权。但是，根据规则20，PL没有权利呼喊空间，因为她不需要改变航线就可以避开S［参见规则20.1（a）］。当PL从S后面通过时，规则19.2（b）要求PL给予PM和PW在她与S之间通过的空间。规则19.2（b）也要求PM给予PW空间。

PL需要给予PW和PM空间，包括给予PM足够的空间去避让PW和给予PM空间避让PL，同样要给予PW空间去避让S和PM（参见空间的定义）。PL没有给予这个空间。因此，她违反了规则19.2（b），应该被取消资格。PL也违反了规则14，因为如果PL给予了PM和PW足够的空间，就能够避免接触。但是，PL对PM拥有航行权，且没有造成损坏或受伤，根据规则43.1（c）对她违反规则14的行为免责。

PM违反了规则11，但是根据规则43.1（b）对其免责。PM没有违反规则14，因为她无法避免与PL或PW的接触。（参见案例11有关相似情况的讨论。）

世界帆联 2013

# 案例126

## 规则23.2，妨碍另外一条船

*为了确定规则23.2是否适用于一个事件，一条船行驶的航段要与刚刚事件发生前的航线及她在该航线上行驶的理由相一致。*

**问题1的事实**

一轮竞赛的航线以驶向上风标的迎风航段开始，接着是一小段横风驶向外设标，然后是驶向下风标的顺风航段。L和W行驶了迎风航段，绕过上风标和外设标。在顺风航段上，L和W以相同的舷风驶向下风标时，L对W进行迎风偏转，W做出回应并避让。该轮竞赛后，W得知L起航失败，成绩已经被记为OCS。W抗议L违反了规则23.2。

**问题1**

针对规则23.2，当L对W进行迎风偏转时，L和W是航行在同一航段还是不同航段上?

**答案1**

为了确定规则23.2是否适用于一个事件，一条船行驶的航段要与事件发生前的航线及她航行在该航线上的理由是相一致的。L没有起航，但她并不知道自己犯了这个错误。因此，L航行在航线上的驶往下风标的航段上。明显地，W也处于相同航段。所以，当L对W进行迎风偏转时，规则23.2不适用于她们之间。

**问题2的事实**

事实与问题1一致，但有以下不同：L正确起航，但她不知道绕过外设标的要求，她没有从要求的一侧绕外设标。在绕过上风标以后，她驶向了下风标直至她对W进行迎风偏转。

**问题2**

针对规则23.2，当L对W进行迎风偏转时，L和W是航行在同一航段还是不同航段上？

**答案2**

W明显航行在驶往下风标的航段上。由于L不知道绕外设标的要求，在她绕过迎风标之后就驶向了下风标，直至她对W进行迎风偏转。L同样航行在驶往下风标的航段上。因而，当L对W进行迎风偏转时，规则23.2不适用于她们之间。

**问题3的事实**

事实与问题2一致，但有以下不同：当L已经在驶往下风标的航段上行驶了一段之后，她发现自己没有绕过外设标，继而转向回来纠正自己的错误。当L迎风驶向外设标时，她遇到了X。X已经绕过了上风标和外设标，正以与L相同的舷风顺风驶往下风标。L离开了她驶向外设标的正当航线，为的是对X进行迎风偏转。X抗议L违反了规则23.2。

**问题3**

针对规则23.2，当L对X进行迎风偏转时，L和X是航行在同一航段还是不同航段上？

**答案3**

X明显航行在驶往下风标的航段上。当L发现她并没有绕过外设标继而转向驶往外设标时，她就已经不在驶往下风标的航段上了，而是开始航行在从上风标到外设标的航段上。当她遇到X时，她正航行在那一航段上。因此，当L对X进行迎风偏转时，她们正行驶在不同航段上。规则23.2适用于她们之间，L违反了该规则。

世界帆联 2013

# 案例127

## 定义，竞赛

*当一条船的船体、船员或装备的任何部分都不在终点线上，并且标志没有影响到她的航线选择时，该船就完全离开了终点线和标志。*

**问题**

竞赛的定义指出一条“到达终点并完全离开终点线和标志”的船就不是正在竞赛的船了。这条船是什么时候“完全离开”了终点线和标志呢?

**答案**

当满足以下两个条件时，一条船就完全离开了终点线和标志：其船体、船员或装备的任何部分都不在终点线上，并且终点标没有影响到她的航线选择。

例如：一条船完全离开了终点线后继续驶向终点标，在那里水流的影响使她撞上了终点标，这种情况下，她仍在竞赛之中，并且违反了规则31。但是，一条船越过了终点线，行驶到了终点标不会影响其航线选择的位置时，她就不再是正在竞赛的船。如果她之后碰上了终点标，也不违反规则31。

世界帆联 2013

# 案例128

## 定义，到达终点

## 定义，行驶航线

## 规则28.1，行驶竞赛航线

## 规则31，碰标

## 规则A4，计分方法

## 规则A5，竞赛委员会决定的计分

*如果竞赛委员会观察到一条船在行驶航线时违反了规则28.1，并且没有改正此错误，则需要将其计分为NSC。如果竞赛委员会观察到一条船在到达终点时碰标了，则必须按照她到达终点的名次计分，可以抗议她违反了规则31。*

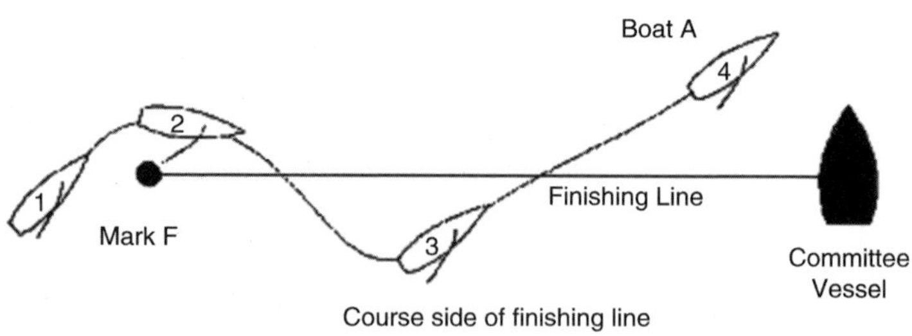


**问题1的事实**

在一轮竞赛中，除了A，其他所有的船都在从最后一个标志驶向终点线，并且从航线一侧越过终点线到达终点，以右舷一侧离开竞委会船，以左舷离开F标。如图所示，A以右舷一侧离开F标，顺风偏转，完全行驶至终点线的航线一侧，在位置3之后马上到达了终点。然后A驶进港口。

竞赛委员会的成员看到了如图所示的A的航迹。附录A的规则适用。

**问题1**

在这种情形下，竞赛委员会应该怎样做?

**答案1**

一条船必须“行驶航线”以遵守规则28.1，因此，当代表其轨迹的一条线拉紧时，必须通过F标的规定一侧。A在终点线上违反了规则28.1，因为代表其轨迹的一条线拉紧时，通过了F标错误的一侧。A没有按照规则28.2所允许的去改正错误，因此她违反了规则28.1。由于A未“行驶航线”，规则A5.1和A5.2要求竞赛委员会记录A的到达终点名次为报名参加该系列赛的所有船数加1。其计分的缩写为“NSC”(参见规则A10)。

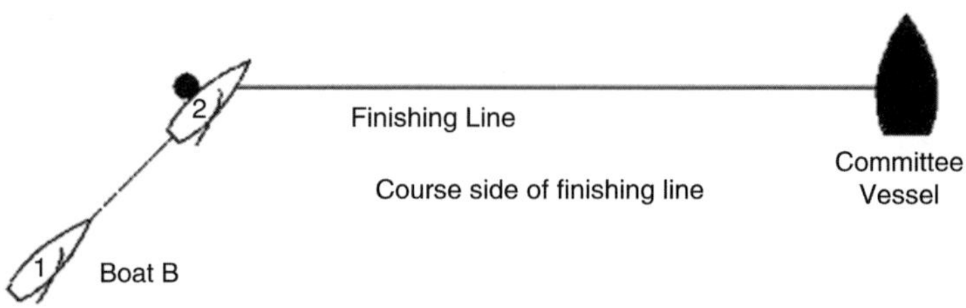


**问题2的事实**

竞赛委员会观察到B在越过终点线时碰到了终点标。B没有解脱并驶进港口。

**问题2**

竞赛委员会应该怎样做?

**答案2**

恰好在位置2之前，B越过终点线时，她就到达了终点。规则A4要求竞赛委员会按照B到达终点的名次给予其计分。

根据规则60.2（a），竞赛委员会可以抗议B。如果竞委会决定这样做，她必须通知B抗议她的意图，并在规则61.3的时间限制内递交书面抗议［参见规则61.1（b）］。此外，如果抗议委员会、技术委员会或其他船看到了B碰标，也可以对B提出抗议［参见规则60.1（a）、60.3（a）和60.4（a）］。

世界帆联 2013，修订于2021

# 案例129

## 定义，到达终点

## 规则28.1，行驶竞赛航线

## 规则32.2（a），起航后缩短航线或放弃竞赛

## 规则62.1（a），补偿

*当在一个绕行的标志旁缩短航线时，该标志就变为了终点标。规则32.2（a）允许竞赛委员会在终点线的任一侧定位展示S旗的这条船。一条船必须根据到达终点的定义通过终点线，即使在这样做时会导致她离开标志的一侧与不缩短航线时所要求的一侧相反。*

**问题1的事实**

航行细则规定了所有须绕行的标志，包括上风标，都要从左舷一侧离开。由于风力不足，竞赛委员会在靠近上风标处抛锚的竞赛委员会船的旗杆上展示了S旗（伴随两声音响），通知缩短航线。

竞赛委员会设置的终点线如图所示。此时，S旗已经升起，参赛船位于最后一个绕行标志和终点线之间。A和B驶近终点线，看到了S旗，她们行驶的航线如图所示。

**问题1**

竞赛委员会缩短航线之后，参赛船仍然需要从上风标的左侧离开并画个圈绕过它吗（像B一样）？还是需要从航线一侧通过终点线（像A一样）？

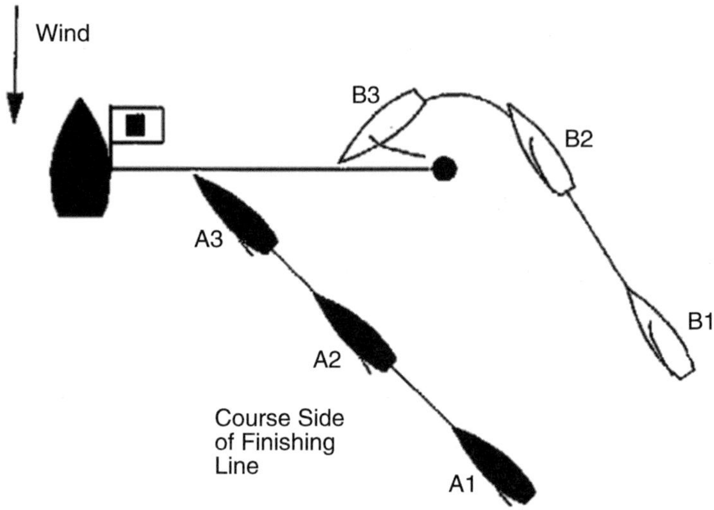


**答案1**

竞赛委员会缩短航线之后，上风标不再是一个绕行标志。她变成了一个终点标［参见规则32.2（a）］。为了遵守规则28.1，参赛船必须根据到达终点的定义通过终点线。因此，她们必须从航线一侧通过终点线。根据定义，A到达了终点；B没有到达终点。

**问题2的额外事实**

B要求补偿，认为如图中所示的竞赛委员会船的定位是不正确的，因为通过阅读竞赛规则和航行细则，船从哪个方向通过终点线不够明确。

**问题2**

竞赛委员会船只抛锚展示S旗的位置是不当行为吗?

**答案2**

不是（虽然这个位置不符合竞赛管理实践）。当在一个绕行的标志缩短航线，规则32.2（a）允许竞赛委员会的船定位在终点线的任一侧上展示S旗。规则28.1明确要求参赛船要根据到达终点的定义通过终点线。到达终点的定义不能被竞赛通知或航行细则更改［参见规则86.1（b）］。

世界帆联 2013

# 案例130

删除

# 案例131

## 规则78.2，遵守级别规则；证书

## 规则A5，竞赛委员会决定的计分

*在一场赛事最后一个竞赛日起航前，一条船因未能提供所需的证书或不能证明它的存在而违反规则78.2时，无须审理，竞赛委员会需要将她参加本赛事的所有轮次记为“DSQ”。*

**事实**

一场赛事的航行细则中要求在竞赛前要出示有效证书或证明其存在。一条船没有遵守这一要求，但在第一轮竞赛前，她提供给竞赛委员会一份由负责人签署的该船具有有效证书的声明。在该赛事最后一个竞赛日起航时，证书没有出示也没有被证明存在。

**问题**

竞赛委员会应该怎样做?

**答案**

竞赛委员会需要记录她所有轮次成绩为DSQ，无须审理（参见规则78.2和A5.1）。

世界帆联 2013，修订于2021

# 案例132

## 规则16.2，改变航线

## 规则18.1（a），绕标空间：规则18适用时

*短语“驶向上风的迎风航段”的解释。*

### 问题

规则16.2规定其适用于驶向上风的迎风航段上的两条相对舷风的船之间，规则18.1（a）规定，规则18不适用于驶向上风的迎风航段上的两条相对舷风的船之间，

出于这些规则的目的，什么时候相对舷风的船是处于驶向上风的迎风航段上的？

### 答案

在起航信号后，符合下列情况的话，两条相对舷风的船就是处在驶向上风的迎风航段上的：

（1）在没有其他船存在的情况下，为了行驶航线并尽快到达终点，每条船将要选择的航线都是近迎风航线或高于近迎风航线，或者

（2）其中一条船或者两条船都高于下一标志的近迎风方位线。处于下风标近迎风方位线上风侧的船并没有“高于”那条方位线，她是“超过”那条方位线。

### 示例

以下1–6的每个情况中，所示的船都以相对舷风处于驶向上风的迎风航段上，她们或低于，或位于，或高于她们航线上到下一个标志的近迎风方位线。这个标志可能是绕行标志、通过标志或限制标志、门标或终点标。

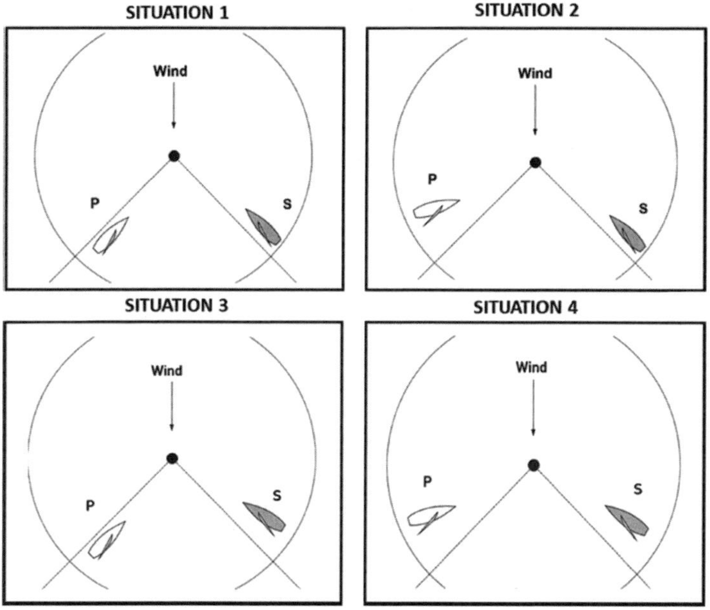


情况5和6标示了须左舷离开的标志的标区内的两条处于驶向上风的迎风航段上的船。在情况5中，上述条件（1）适用，在情况6中，上述条件（2）适用。

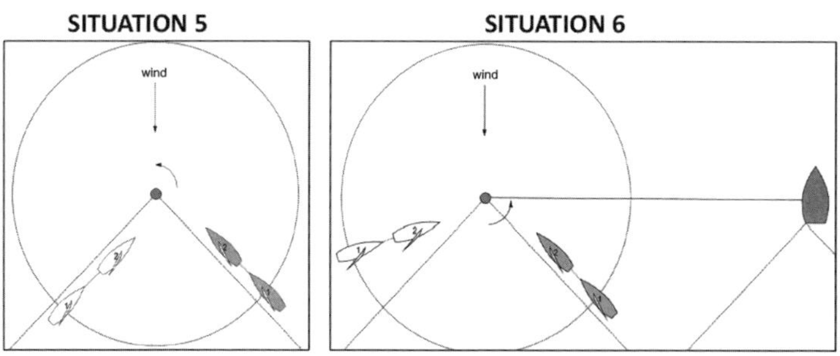


在情况7中，以下的每一对船都处在驶向上风的迎风航段上，其中的每一条右舷船都受规则16.2约束。

**SITUATION 7**

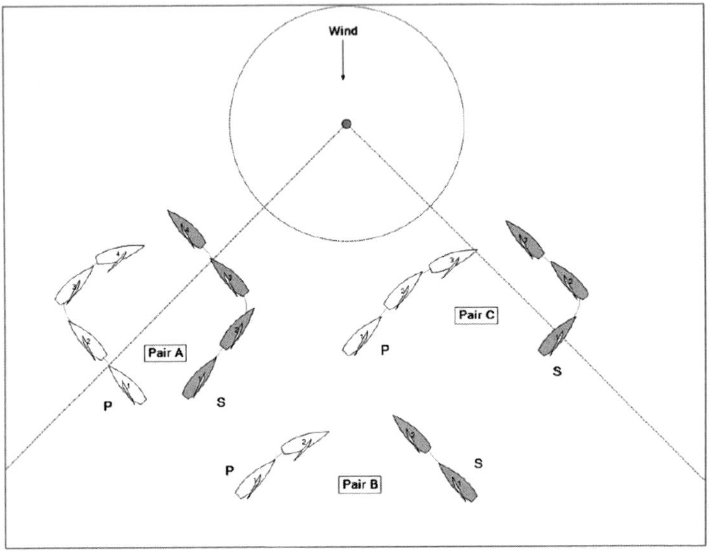


世界帆联 2021

# 案例133

撤回修订

# 案例134

## 定义，正当航线

## 规则17：同舷风；正当航线

*一条船任何时刻的正当航线取决于当时的条件。其中一些条件是风力和风向、阵风和风歇的类型、海浪、水流以及船体和装备的物理特性，包括正在使用的帆。*

**事实**

两条船，W和L，同舷风顺风行驶，当时的条件下，通常会使用球帆代替前帆以尽快到达终点。下一个标志在她们当前位置的正下风处。

W在升球帆时遇到了问题，L行驶得更快一些，从明显在后建立下风相连并受制于规则17。为了取得优于W的战术优势，L决定继续使用前帆行驶，延迟升起球帆。

之后，L按照船只使用前帆顺风行驶的最佳VMG（“最有效船速矢量”，驶向下一标志的速度矢量）航线行驶。该航线高于她使用球帆时的最佳VMG航线。

W抗议L，理由是她没有升起球帆，为尽快完成比赛去行驶较低、较快的航线，L违反了规则17。在审理中，L的代表指出，如果没有W，L会升起球帆行驶较快、较低的航线，以尽快到达终点。

**问题**

当L延迟升球帆而选择只使用前帆顺风行驶最佳VMG航线时，她是否违反规则17，高于她的正当航线行驶？

**答案**

否。一条船任何时刻的正当航线取决于当时的条件。其中一些条件是风力和风向、阵风和风歇的类型、海浪、水流以及船体和装备的物理特性。她所升起的帆属于装备的一部分，因此，是决定其正当航线的条件之一。当L使用前帆航行时，她的正当航线是她使用前帆的最佳VMG航线，而不是球帆升起时的最佳VMG航线。L没有高于那个航线行驶，所以她没有违反规则17。

在竞赛规则中，没有任何关于船在某一特定时刻要升起球帆或者尽快到达终点的要求。为什么船没有使用球帆，这可以有各种各样的理由，包括战术的考虑。因此，尽管L说到若没有W，她会升起球帆行驶较快、较低的航线，但L继续使用前帆而非球帆航行并没有违反任何规则。（参见案例78中关于采用战术来干扰或阻碍另一条船的比赛进程的讨论。）

世界帆联 2014

# 案例135

## 定义，避让

## 规则44.1（b），事件发生时的惩罚：解脱

## 规则62.1（b）：补偿

*有关如果一条船因未能避让而违反了规则第二章，航行权船或是第三条船根据规则62.1（b）要求补偿时，抗议委员会所必须做出的裁决的讨论。*

**问题1的事实**

两条小帆船，P左舷受风而S右舷受风，行驶在相撞的驶向上风的迎风航段上，风力强劲（超过20节）。P保持航线，当S明确P不会避让时，S立即快速地迎风换舷至左舷，以躲避P。尽管S试图躲避P，两船之间仍发生了接触，但没有造成损坏。但是，在迎风换舷躲避P的过程中，S发生了翻船，在翻船过程中，S的舵手落水，舵柄损坏。在船扶正后，舵柄无法修复，S退出了该轮竞赛。S根据规则62.1（b）要求补偿。

**问题1**

如果S的补偿要求有效，她有权获得补偿吗？

**答案1**

规则62.1（b）没有要求有形损坏（或受伤）必须是由违反规则第二章的船直接造成的。有形损坏（或受伤）可能是由违反规则船的行为所造成的，这个理由就是充分的。

在该事件中，S的有形损坏是“严重的”，因为它在水

上无法修复，导致S退出了该轮竞赛。因此，对P的“适当”惩罚为退出竞赛［参见规则44.1（b）］。S可以获得补偿，但仅在抗议委员会遵循了以下两步程序时。

首先，抗议委员会必须确认P是否在该事件后退出了竞赛，或是P在与S的事件中因违反了规则第二章而被抗议并判罚。如果是，S就有权获得补偿，前提是抗议委员会得出了以下结论：

- 碰撞是可能发生的，S在P明显不会进行避让时，立刻做出了躲避动作；
- 翻船和舵手落水是由于P没有避让的结果而不是由于S舵手操船技术差导致的，并且
- 该损坏的原因不是舵柄之前就存在不良状况而引起的。

**问题2的事实**

两条船，A和B，在大风中行驶在相撞航线上。规则第二章要求A避让B。A保持航线，B在明确A不会进行避让时，立即快速大幅度改变航线，以躲避A。A和B之间没有发生接触。但是，在为避免与A发生潜在损坏性接触而采取的操作动作中，B与附近的第三条船C发生了碰撞。C发生了损坏并退出了该轮竞赛。C根据规则62.1（b）要求补偿。

**问题2**

如果C的补偿要求有效，她有权获得补偿吗？

**答案2**

C可以获得补偿，但仅在抗议委员会遵循了以下两步程序时。

首先，抗议委员会必须确认A是否在该事件后退出了

竞赛，或是A在与B的事件中因违反了规则第二章而被抗议并判罚。如果是，C就有权获得补偿，前提是抗议委员会得出了以下结论：

• 碰撞是可能发生的，B在A明显不会进行避让时，立刻做出了躲避动作；

• C的损坏是由于A没有避让的结果而不是由于B操船技术差导致的；

• 在B开始改变航线后，C没有合理可能去避免碰撞，导致了损坏。

亦可参见案例110。

世界帆联 2014，修订于2021

# 案例136

## 规则29.1，召回：个别召回

## 规则63.6，审理：取证和认定事实

*在认定事实时，抗议委员会会受到证据权重的约束。通常，观察起航线的竞赛委员会成员的位置要比任何参赛船更能看清楚某船是否在起航信号时抢航，以及其是否返回起航准备区一侧并起航。*

**事实**

起航信号发出时，观察起航线的竞赛委员会成员判定三条船抢航。X旗被迅即展示，伴随一声音响，并持续展示到要求的时间（参见规则29.1）。位于起航线另一端的另外一名竞赛委员会成员，确认了这三条被识别的船，并且确认她们没有返回起航准备区一侧并起航。这三条船都被记为OCS。这三条船中的一条完成了航线并第一个到达终点。当得知她被记为OCS后，提出要求补偿，坚称自己已返回起航准备区一侧并起航。她召集来另外两名选手作为证人，她们离她很近并确认看到她返回并起航。

**问题1**

是否可以根据其他证据推翻竞赛委员会关于某条船没有起航的决定？如果可以，是在什么样的情况下？

**答案1**

可以，如果抗议委员会认为证据的权重足够能证明当该船越过起航线或做出返回操作时，观察起航线并持续关注该船的竞赛委员会成员并没有看到，或者错误地识别了

这条船。

**问题2**

在评估该类案例的证据权重时，抗议委员会是否应给予竞赛委员会成员更多的权重？

**答案2**

竞赛委员会的成员处于最佳的判断位置，其提供的证据通常更加可信。

**问题3**

如果这个问题仅是某条船是否“抢航”，或者是否“完全”返回，一名不处于观察起航线位置上的人是有资格的证人吗？

**答案3**

见答案2。在相应时间直接观察起航线的竞赛委员会成员是处于做出此判断的最佳位置上的。

RYA 1984/8

# 案例137

## 规则63.4（b），审理：利益冲突

*在决定利益冲突是否明显时，抗议委员会应该考虑冲突的程度、赛事的等级和对公平性的整体预期。*

**事实**

一位抗议委员会成员就利益冲突做出声明后，抗议的一方不同意他继续留作抗议委员会成员。

**问题**

根据规则63.4，抗议委员会应如何确定利益冲突是否明显？

**答案**

有关成员不应出席此决策过程。规则63.4（c）要求抗议委员会的其他成员考虑冲突的程度。例如，父子关系几乎肯定会造成高度冲突，而远亲关系会随着关系疏远程度的增加而降低冲突的程度。同样，雇佣关系也可能造成高度冲突。

规则63.4（c）还要求考虑赛事的等级。在某些等级的赛事中，寻找没有利益冲突的抗议委员会成员是不切实际的，但这些赛事仍然需要抗议委员会的服务。平衡两个或两个以上抗议委员会成员的利益冲突是有可能的。

抗议委员会还应考虑到是否能符合大家对公平性的预期，是让抗议委员会拥有更多的成员更好还是抗议委员会中不要有存在利益冲突的成员更好。抗议委员会还可能考

虑到抗议各方的感受，他们的关注点是否均衡还是仅局限于一方。

世界帆联 2016

# 案例138

## 规则2，公平航行

## 规则69，品行不端

*通常，选手直接影响赛事公平的行为，或选手意识到违反了规则但未接受相应的惩罚，就应该考虑规则2。抗议委员会认为某行为，包括严重违反规则2或其他规则，构成了品行不端，就应该考虑规则69。*

**问题1**

当某人的行为可能被认定为破坏了体育精神或品行不端时，什么样的行为可能构成品行不端?

**答案1**

规则69涵盖了品行不端的所有行为，范围从非常轻微的行为不端到非常严重的破坏体育精神或给体育运动抹黑的行为。下列行为应被视为品行不端的例子，但这些例子并不具有排他性，也不是一份最终的清单：

1. 从事任何非法活动（如偷窃、人身伤害、刑事损害）
2. 从事可能给体育运动抹黑的活动
3. 恃强凌弱、歧视行为以及恐吓
4. 身体暴力或暴力威胁
5. 以鲁莽的行为或方式造成、或有可能造成损坏或伤害
6. 违背赛事官员的合理指令
7. 有意违反规则或煽动他人违反规则
8. 妨碍另一名选手的装备
9. 反复违反同一规则

10. 在明知犯规的情况下，没有采取措施避免自己或队伍犯规

11. 在审理中，没有讲出真相或全部真相

12. 其他形式的作弊，例如：篡改身份、级别或者丈量文件，使用未丈量的船参赛，故意不绕标以使名次获益，等等

13. 构成或可能构成冒犯行为的粗话或侮辱性语言

14. 对竞赛官员或其决定做出恶意或无礼评论（包括通过电子手段，如社交媒体）

**问题2**

抗议委员会应该何时运用规则2，何时运用规则69？

**答案2**

一条船可能因违反规则2被抗议，抗议委员会需要审理并裁决该抗议。确认一个涉嫌违反规则2的抗议，要求抗议委员会清晰确定该船没有按照体育精神及公平竞赛的公认原则参赛。因此，要确认是否违反规则2，该行为必须直接涉及竞赛。

抗议委员会可能会以违反规则2抗议某船，但可能以规则69裁决这一行为更为恰当，或者在某些情况下，同时运用规则2和69。通常，涉嫌直接影响比赛的行为应根据规则2采取行动。

被认定是品行不端且没有直接影响比赛的行为应该根据规则69采取行动。

根据任何规则，包括规则2在内的抗议及随后的审理，可能会揭示出抗议委员会认为品行不端的行为。在这种情况下，抗议委员会适当的做法是，可以根据规则69单独采

取行动。

**问题3的事实**

一条以左舷迎风行驶的船试图从一条右舷船的前面通过。左舷船对此判断失误，没能避让。

**问题3**

左舷船故意犯规了吗?

**答案3**

否。此类错误判断在竞赛中是常见的，并非不公平竞赛或品行不端。要判定不公平竞赛或品行不端，必须要有证据显示该船知道或应该知道她无法完成通过却试图这样做。

但是，当左舷船意识到自己无法避让后，她已经意识到自己违反了规则，并且必须接受适当的惩罚。否则，她就是违反了体育精神的公认原则（参见基本原则，体育道德与规则）。

世界帆联 2016

# 案例139

## 规则69.2（j），品行不端：抗议委员会的行动

*举例说明了根据规则69.2（j）（3），何时将规则69的事件报送给国家和地区管理机构或世界帆联报告是“合理”的。*

**事实**

抗议委员会已经认定某位选手或后援人员构成了品行不端，并根据规则69处以惩罚。

**问题1**

抗议委员会应该何时向该人员所在的国家和地区管理机构或世界帆联报送此违规事件？

**答案1**

当对一轮竞赛的判罚重于DNE时，犯规选手被驱逐出场馆时，或抗议委员会认为“合理”的其他情况下，规则69.2（j）要求向国家和地区管理机构或世界帆联报送。在下述情况中，报送是合理的，例如：

（1）在单一轮次的赛事中，抗议委员会认为，若是在多轮次竞赛的赛事中，该违规行为的判罚要重于给予一轮竞赛DNE。这可能是因为这一单次违规较严重或是有数次较轻的违规。

（2）后援人员被认定违反了规则69并被驱逐出场馆，但是该赛事已进行到了最后一天，驱逐出场馆并不足以产生预期效果。

（3）抗议委员会有充分的理由认定违反规则69的选手

之前也因违反规则69.1（a）受到过惩罚，特别是在相似违规的情况下。

（4）该违规事件在抗议委员会的管辖范围之外对赛事产生了影响。例如，另一场赛事的预选或资格赛，该违规事件对另一名选手的预选或资格造成不利影响。

**问题2**

报告应发送给国家和地区管理机构或世界帆联吗？

**答案2**

只有在违规事件发生于世界帆联规章35，纪律准则中列明的特定的国际赛事中时，才向世界帆联报送。除此之外，报告发送给被认定违反规则69的选手的所在国家和地区管理机构即可（没有必要发送给船东或场馆隶属的国家和地区管理机构）。

世界帆联 2016

# 案例140

## 定义，起航

## 规则30.3，起航惩罚：U旗规则

## 规则30.4，起航惩罚；黑旗规则

## 规则43.1（a），免责

## 规则62.1，补偿

*一条船被违反规则第二章的船逼迫越过起航线时，规则是如何适用的。*

**问题1的事实**

一轮竞赛按照规则30.3 U旗规则，或规则30.4黑旗规则起航。起航信号前20秒，A和B之间发生了事件。竞赛委员会识别出A船体的一部分位于航线一侧。A没有返回起航准备区一侧，而是继续行驶航线并到达终点。竞赛委员会酌情将其计为UFD或BFD。

A向B提出了有效抗议。抗议委员会因B违反规则第二章取消其资格。委员会认定由于B违反规则迫使A违反了规则30.3或30.4。同时认定并没有发生受伤或有形损坏，B没有违反规则2，公平航行。

**问题1**

抗议委员会会根据规则43.1（a）对A违反规则30.3或30.4免责吗？如果会，即使她从未按照起航的定义起航，抗议委员会也会按照其到达终点的名次计分吗？

**答案1**

A违反了规则30.3或30.4，但她也由于没有起航（参见起航的定义）而违反了规则28.1。B的违规行为迫使A违反了规则30.3或30.4。然而，这并没有阻止A返回起航线的准备区一侧并按照起航的定义去起航。根据规则43.1（a）对A违反规则30.3或30.4的行为免责，因此，竞赛委员会需要根据规则A5.1将其计为OCS。

如果A返回起航线准备区一侧并起航、行驶航线并到达终点，根据规则43.1（a）对A违反规则30.3或30.4的行为免责；如果她这样做了，竞赛委员会需要按照她到达终点的名次计分并对本轮竞赛进行相应的重新计分。每一条在A之后到达终点的船将后移1个名次。

**问题2的事实**

该轮竞赛按照规则30.4，黑旗规则起航。事实同问题1，但是这次是全部召回。根据规则30.4的要求，A的帆号被正确地展示出来。重新起航前，A通知竞赛委员会她意图抗议B在被召回的那轮起航中违反了规则第二章。在重新起航的轮次中，A起航，行驶航线并到达了终点。竞赛委员会计其成绩为DNE。A抗议B在最初的起航时违反了规则并要求补偿，声称竞赛委员会将其计为DNE是不当行为。

**问题2**

如果抗议委员会裁定B违反了规则第二章，她这样做时，迫使A违反了规则30.4，委员会会在其重新起航的轮次中按照她到达终点的名次计分作为补偿吗?

**答案2**

不会。A首先违反了规则30.4的第一句，被识别出处在了起航线的航线一侧。之后根据规则30.4，她的帆号被正确展示出来。由于竞赛委员会在全部召回后展示了A的帆号，规则30.4的倒数第二句禁止A参与该轮次的重新起航。在该轮重新起航时，她违反了规则30.4的倒数第二句。竞赛委员会将其成绩记为DNE并没有错。A无权要求补偿，因为竞赛委员会的行为是正确的。

**问题3的事实**

事实同问题2，但是这次A没有参与该轮次的重新起航。当她上岸后，她因最初起航时的事件抗议B。抗议委员会裁定B违反了规则第二章，对于那个犯规，她不能被判罚（参见规则36）。

**问题3**

如果抗议委员会裁定B违反了规则第二章的某一条，她这样做时迫使A违反了规则30.4，抗议委员会会改变A的BFD计分吗？

**答案3**

会的。根据规则43.1（b）对A违反规则30.4免责，因此，竞赛委员会需要在重新起航的轮次中将其BFD的计分更改为DNS。但是，她无权要求补偿，因为竞赛委员会没有不当行为。

世界帆联 2016，修订于2018

# 案例141

## 第二章，前言

## 规则36，重新起航或重新竞赛

## 规则44.1（b），事件发生时的惩罚：解脱

## 规则60.3（a）（1），抗议的权利；要求补偿的权利或规则69的行动

## 规则61.1（a）（4），对抗议的要求：通知被抗议人

## 规则63.5，抗议或补偿要求的有效性

*短语“严重损坏”中“严重”一词的解释。*

**问题**

短语“严重损坏”中所使用的“严重”一词在竞赛规则中是否有特殊的含义？

**答案**

没有。“严重”一词在《帆船竞赛规则》中没有定义。导言中的术语部分指出：“其他的词语和术语按照其在航海和日常使用情况下的意义使用。”如日常使用中所理解的那样，当在短语“严重损坏”中使用“严重”时，该词的意思是：因可能的危险或风险而显得重要；有潜在的不良后果；引起关注；或达到显著的程度或数量。

这表明，当抗议委员会根据事实得出结论，认定事件中发生了损坏时，它必须考虑以上所定义的四个标准中是否有适用项，如果有，则应得出损坏“严重”的结论。

要考虑的问题可能包括：

（1）损坏是否降低了船员的安全性？

（2）损坏是否明显影响了船的航行性能？

（3）相对于船的市场价值，修补损坏的费用是否很大？

（4）修补损坏后的船只价值会大大降低吗？

USA 2018/115

# 案例142

删除

**删除案例142的原因：**2021版的RRS中，规则62.1（b）的新措辞使得本案例不再正确且不必要了。

# 案例143

## 规则6.1，世界帆联规章

## 规则70，上诉和对国家和地区管理机构的请求

## 规则75，赛事报名

## 规则89.1，组织机构；竞赛通知；竞赛官员的任命：组织机构

*若赛事的组织机构不是规则89.1中所规定的组织，那么审理的一方无权进入上诉程序。*

**事实**

一场赛事的组织机构是一家俱乐部，该俱乐部不是场馆所在地国家和地区管理机构的会员，且与该国家管理机构无任何关联。赛事在该国家和地区管理机构管辖的水域上进行。竞赛通知规定竞赛将执行《帆船竞赛规则》所定义的规则。A根据规则第二章抗议B。之后，根据规则70.1（a），A国家和地区管理机构提出了针对抗议委员会裁决的上诉。

**裁决**

规则89.1规定了有权执行《帆船竞赛规则》的赛事组织机构的组织类型。该场赛事的组织机构是一家俱乐部，但该俱乐部不隶属于场馆所在地国家和地区管理机构。因此，该俱乐部不是规则89.1（c）所规定的有效的组织机构，也不是规则89其他部分所规定的有效组织机构。

规则70.3要求A的上诉提交至"按规则89.1与组织机

构相关联的国家和地区管理机构”。这里不存在符合规则70.3要求的国家和地区管理机构，因此，无权根据规则70将抗议委员会针对赛事做出的裁决上诉至场馆所在地国家和地区管理机构，更确切地说，无权上诉至任何国家和地区管理机构。

基于这些原因，考虑驳回A的上诉。

**补充评论**

以下评论讨论了与本案的裁决没有直接关系的问题，但与本案提出的问题相关。

规则75规定，报名参赛的人要么是世界帆联会员国家和地区管理机构的会员，要么隶属于此类国家和地区管理机构的俱乐部或其他组织的会员。同样，如果一条船以俱乐部或组织报名参赛，该俱乐部或组织必须要隶属于该类国家和地区管理机构。

规则6.1要求选手遵守世界帆联资格法规。当选手参加由非隶属俱乐部组织的赛事时，他们可能在不知不觉中参加了世界帆联指定为“禁止赛事”的赛事。参加此类赛事可能会对选手参加其他赛事的资格产生严重影响［参见规章19.19（a）（ii），19.20（d）和19.20（f）］。

如果计划参加由俱乐部或组织举办的赛事的选手发现该俱乐部或组织不隶属于所在国家/地区的管理机构，他们应敦促该俱乐部或组织在赛事开始前加入或以其他方式隶属于其国家和地区管理机构，再或者，至少寻找一个隶属组织作为该赛事的组织机构。

CAN 2018

# 案例144

撤回修订

**撤回案例144的原因：**案例书工作小组发现很难解释规则18.1新写的最后一句话是如何适用于本案例所描述的事件的。无论工作小组对这句新的话做出何种解释，都应通过世界帆联规则委员会的讨论和批准。

# 案例145

## 定义，到达终点

## 定义，行驶航线

## 规则28.1，行驶竞赛航线

*定义行驶航线所描述的一条船的轨迹被拉紧时，仅落在通航水域内。*

**问题1**

定义行驶航线所描述的轨迹线被拉紧时，必须仅落在通航水域内吗？

**答案1**

是的，定义行驶航线指的是“代表船轨迹的一条线”。船的轨迹不可能越过陆地，也不能穿过不可通航的水域或禁止区域。因此，这条线拉紧时，必须完全落在通航水域内；从不可通航的浅滩、禁止区域或其他障碍物的一侧通过，并沿着河流的路径行进。

类似的考量也适用于从航线一侧越过终点线的到达终点的定义和从上一标志的方向通过门标。规则28.1要求船“行驶航线并到达终点”。为了做到这一点，她的轨迹必须符合定义行驶航线中的（a）（b）（c）三项的检验。因此，定义所描述的这条拉紧的线被限制在如上所述的通航水域内。

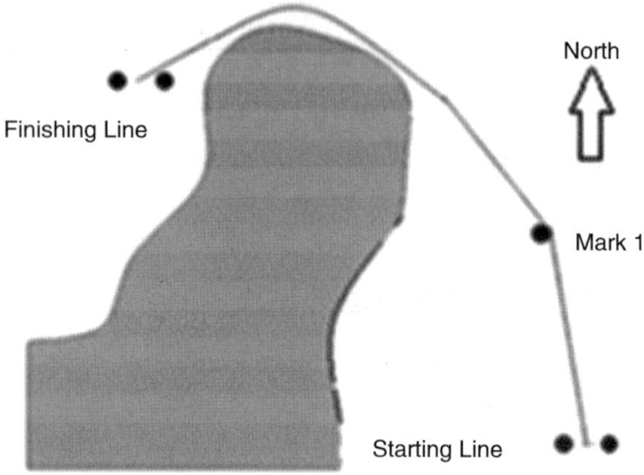


图中标示出了当岬角阻碍了航线上的一个航段时，A拉紧的线。航行细则中描述的航线为：“起航后，以左舷绕过1标，而后到达终点。”A左舷绕过1标后，考虑到自身吃水和经过时的水深，尽可能近地靠近岬角航行。如图所示，A的轨迹线触碰到了1标，且A的轨迹在岬角北端绕过了浅滩水域。由于岬角的影响，终点线的“航线一侧”是在终点线的北面的。因此，要求A自北向南越过终点线后才能被记录为到达终点（参见定义到达终点）。如果A拉紧的线没有被限制在通航水域内，它将是从1标穿过岬角到达终点线的直线。那么，终点线的“航线一侧”会在终点线的南面，A将被要求自南向北越过终点线。

**问题2**

在有潮汐的水域中，要考虑高潮时还是低潮时的通航水域？

**回答2**

都不必。特定位置的水域是否可通航取决于船的吃水深度和船驶过该位置时的水深。

GBR 2000/5

# 案例146

**定义，空间**

**规则11，同舷风、相联**

**规则16.1，改变航线**

**第二章，C节前言**

**规则43.1（a），免责**

**规则43.1（b），免责**

*当两船驶近起航标去起航，下风船迎风偏转，如果上风船行驶在她根据规则16.1有权要求的空间内时违反了规则11，可根据规则43.1（b）对其免责。*

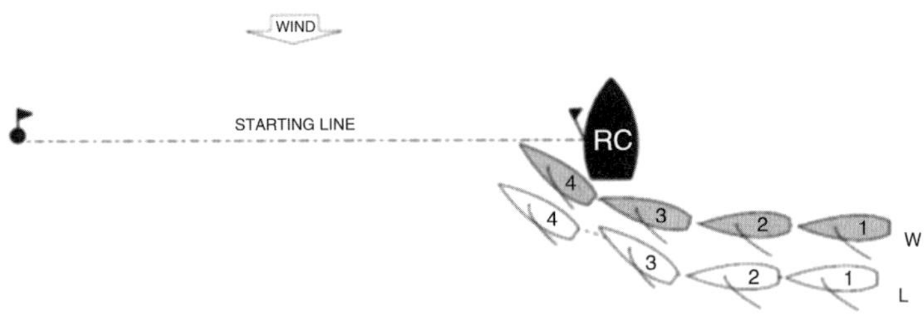


**事实**

两条船，L和W在起航信号前10秒，右舷相联驶近竞赛委员会信号船。当W从竞赛委员会信号船的船尾通过时，L迎风偏转。W轻微地迎风偏转，但无法在不撞到竞赛委员会船的情况下进一步回应L的迎风偏转。L顺风偏转以避免接触。L提出抗议。

抗议委员会根据规则11取消了W的资格，称其不应行驶在L和竞赛委员会船之间，她是“起航时插入”的。W提出上诉。

**裁决**

对于L和W而言，竞赛委员会船既是标志，也是障碍物（参见定义标志和障碍物）。但是，由于竞赛委员会船被航行水域围绕，且L和W正驶近它去起航，规则第二章C节（特别是规则18和19）不适用。因此，L没有义务给予W从竞赛委员会船下风通过的空间。

在位置1和2，L能够在无需采取躲避行动的情况下行驶她的航线，并且在两个方向上都能改变航线而不会立即造成接触。因此，W根据规则11的要求避让了（参见定义避让）。

当L在位置3迎风偏转时，规则16.1要求她给予W避让的空间。即使船正通过竞赛委员会船即将起航时，该义务也是适用的。“空间”是W所需的避让L的空间，同时还有履行规则第二章（包括规则14）和规则31义务的空间。参见案例114。

当L迎风偏转时，W在不会冒险触碰竞赛委员会船而违反规则31的情况下，尽其所能地做了迎风偏转。L通过顺风偏转给予了W规则16.1要求的避让空间。

在位置3，L无法“不需要做出避让动作就行驶在其航线上”，因此，W违反了规则11。但是，W的违规是她与L间发生的事件结果（如图所示），“要求船给予［W］空间”；由于W航行在她根据规则16.1有权要求的空间内，根据规则43.1（b）对其免责。

W上诉成功，抗议委员会的裁决被推翻，W的终点名次得以恢复。

注：《帆船竞赛规则》中没有使用“barging（起航时插入）”一词。该词通常代指如下情况：下风船保持其航线，上风船选择行驶在竞赛委员会船与下风船之间，或是撞到了下风船，或是迫使下风船顺风偏转以避免接触。在这种情况下，上风船违反了规则11且不能被免责，因为她不是被迫行驶在竞赛委员会船和下风船之间的，她没有行驶在她有权要求的空间内［参见规则43.1（a）和43.1（b）］。

USA 2018/117